De l'enfant écorché
à l'adulte résilient
1943 - 2023

De l'enfant écorché
à l'adulte résilient
1943 - 2023

Jean-Claude Meslet

Loi n°49-956 du 16 juillet 1949 sur les publications destinées
à la jeunesse, modifiée par la loi n°2011-525 du 17 mai 2011.

Copyright © 2023, Jean-Claude Meslet.
Correction et mise en forme : Christelle Desbordes, écrivain biographe
(EI. SIREN 902 765 320. Tél. 06 75 84 73 38.
www.christelledesbordes.com).
Reproduction interdite.

Le Code de la propriété intellectuelle interdit les copies ou reproductions destinées à une utilisation collective. Toute représentation ou reproduction intégrale ou partielle faite par quelque procédé que ce soit, sans le consentement de l'auteur ou de ses ayant cause, est illicite et constitue une contrefaçon, aux termes des articles L.335-2 et suivants du Code de la propriété intellectuelle.

Édition : BoD – Books on Demand, info@bod.fr
Impression : BoD – Books on Demand, In de Tarpen 42,
Norderstedt (Allemagne)
Impression à la demande

ISBN : 978-2-3220-4224-1
Dépôt légal : Février 2023

Remerciements

À mon épouse, pour son aide informatique dans la prise de photos ainsi que pour son soutien et ses encouragements.

À ma biographe qui a su comprendre mon vécu et m'a aidé à mettre en forme mon autobiographie.

Nous l'appellerons IL. Parce que prendre de la distance avec soi-même peut être nécessaire pour réussir à surmonter certaines épreuves de la vie. Parce qu'il est parfois difficile de revenir sur les épisodes qui ont ponctué sa vie sans trop en souffrir à nouveau. Parce qu'il souhaite témoigner de son vécu, tout simplement, sans pour autant se mettre en lumière.

Sa chère famille nourricière

Il est né pendant la Seconde Guerre mondiale, au début des années 1940. Sa mère, elle, vit le jour au cours de la Première Guerre mondiale. Née de parents inconnus, elle fut abandonnée sous le porche d'une église alors qu'elle n'était qu'un nourrisson. Confiée à l'Assistance publique puis placée en famille d'accueil, elle ne connut jamais ses vrais parents. Elle fut scolarisée jusqu'à l'âge de douze ans avant de partir travailler comme bonne à tout faire dans plusieurs fermes de la région. Alors qu'elle avait vingt-six ans, le fils de la ferme dans laquelle elle était alors employée la mit enceinte avant de s'exiler dans un pays francophone, sous la pression de ses parents, pour mieux fuir ses responsabilités et le qu'en-dira-t-on.

Petit almanach de 1943, son année de naissance

À 27 ans, elle accoucha donc seule d'un petit garçon dans un service de maternité de l'hôpital public. Compte tenu de la situation, cet enfant ne connut jamais ses grands-parents. Qu'allait-elle bien pouvoir faire de lui, elle qui était fille-mère et devait continuer de travailler ? L'idée d'abandon planait dans sa tête comme dans celle de ses proches et du personnel hospitalier. L'enfant, qu'en pareil cas l'on désignait de bâtard, ne fut ainsi déclaré à l'État civil qu'en avril, soit un mois et demi après sa naissance. Lors de ses visites, une amie proche qu'elle considérait comme une sœur lui parla d'une famille d'accueil qu'elle connaissait bien pour y mettre elle-même en garde ses enfants lorsqu'elle en avait besoin. L'idée commença à germer dans son esprit et finit par se concrétiser.

La guerre faisait rage et les avions volaient parfois à basse altitude. Les véhicules militaires allemands circulaient dans les rues des villes et sur les routes de campagne, contrôlant de temps à autre les personnes qui se déplaçaient à vélo ou à pied. C'est dans cette atmosphère que la femme du couple d'accueil vint récupérer l'enfant à l'hôpital. Elle le ramena chez elle à pied, en le portant dans ses bras. Elle habitait à la campagne, à environ vingt kilomètres de là. La route était longue et l'enfant pleurait de soif. Mais la femme eut beau frapper à quelques portes, elles restèrent toutes fermées. En temps de guerre, les gens étaient d'autant plus méfiants. L'enfant arriva enfin dans sa maison d'accueil et put vivre ses premières heures auprès de ses parents nourriciers, comme on les appelait souvent.

Ce couple, qui ne pouvait pas avoir d'enfants, prenait régulièrement en charge des enfants dans le besoin, à l'année ou sur de plus courtes périodes. Il vivait très modestement dans une petite ferme de quelques hectares, avec quatre vaches et une chèvre.

Ses parents nourriciers

L'enfant resta un peu plus de six ans dans sa famille nourricière, sa mère venant le voir plus ou moins régulièrement. Le pays était encore en guerre. Malgré son jeune âge, il a gardé des souvenirs des combats et des détonations dès l'âge de deux ans. Dans les moments de bombardement, sa famille nourricière, ou les voisins du village, s'empressaient de l'emmener avec eux pour aller se cacher à l'abri jusqu'à ce que le calme revienne.

La demeure de ses parents nourriciers était à la campagne, entre deux communes situées à quelques kilomètres. Dans le lieu-dit, il y avait quatre ou cinq habitations. La leur se trouvait tout au fond du chemin, qui était en bien mauvais état pendant l'hiver. La vieille maison de pierres, sans aucun confort, comprenait une grande pièce principale de vie et une étable. Les deux espaces étaient séparés par une grosse porte de bois laissée entrouverte pour que l'étable puisse renvoyer un peu de chaleur dans la pièce de vie l'hiver. Cette porte entrebâillée permettait également à la femme, occupée à traire les vaches, de communiquer avec l'homme et l'enfant, restés dans la pièce principale. À l'heure du petit-déjeuner, elle invitait l'enfant à apporter son bol pour le remplir sous le pis de la vache.

La maison de ses parents nourriciers
(ayant perdu son aspect initial)

Dans la pièce de vie, une autre porte donnait sur le jardin où l'on cultivait des légumes et où poussaient des arbres fruitiers. Le jardin possédait également un poulailler avec plusieurs volailles (poules, coqs, canards, oies, dindons) ainsi qu'un bon nombre de lapins aux clapiers. Ces petits paysans vivaient quasiment en autarcie, se nourrissant essentiellement de leurs volailles, lapins et légumes. Acheter de la viande à la boucherie était tout simplement un luxe que la famille ne pouvait s'offrir.

Sur le terrain comprenant le jardin, il y avait aussi d'autres constructions de fortune : un hangar pour abriter les matériaux et engins de la ferme qui étaient tractés par un ou plusieurs chevaux, et divers outillages. Il y avait également une remise où se trouvaient le moulin à pommes et le pressoir servant à fabriquer le cidre. À l'avant de la maison enfin, dans la cour d'entrée, il y avait un puits. Dans le hameau, il y avait aussi un four à pain utilisé pour la cuisson du pain de tous les habitants.

À l'époque, les fermes modestes se contentaient de peu. La famille avait tout juste de quoi vivre, ou plus exactement de quoi survivre. Accueillir des enfants ne leur rapportait guère, voire parfois pas du tout. Ces tout petits paysans possédaient tellement peu d'argent et de matériel que leur vie était très pénible physiquement. Les travaux de la ferme ne laissaient au couple que peu de temps libre et il ne pouvait se déplacer qu'à vélo ou à pied. La femme avait en charge les repas, la traite des vaches et l'entretien du potager. Quant à l'homme, il effectuait les travaux des champs, dont la plupart se faisait à la main. Pour cela, il devait emprunter un cheval, voire deux, à une ferme voisine. En retour, il devait rembourser physiquement cet emprunt en effectuant pour ces fermiers des journées de travail harassantes.

Lorsque la femme devait aller aider le mari aux champs, elle transportait l'enfant dans une resse, un grand panier ovale en osier, qu'elle disposait dans une brouette. Dans la famille, c'était également la femme qui allait faire les courses dans les deux communes environnantes. Le trajet se faisait à pied et lorsqu'il fallait rapporter des provisions lourdes, telles qu'un sac de farine de blé ou de sarrasin, elle prenait avec elle la brouette (appelée en patois le heck ou le camion). L'enfant, qui ne demandait qu'à suivre, pouvait profiter ainsi du transport en brouette lorsque ses jeunes jambes étaient fatiguées. La farine de blé servait ensuite à la fabrication du pain et la farine de sarrasin à la confection de la galette de blé noir, qui constituait l'alimentation de base à cette époque, ainsi que les châtaignes qu'il fallait ramasser à l'automne.

Pendant la période hivernale, l'homme se trouvait plus longtemps à la maison. Il se faisait un malin plaisir de demander à l'enfant d'aller colporter ses blagues à sa femme, qui rétorquait à l'enfant :

— Va lui dire qu'il ne raconte que des bêtises !

Les parents nourriciers de l'enfant étaient rassurants. Ils semblaient prendre du plaisir à l'observer parler, jouer, s'inventer un imaginaire. Par exemple, vers l'âge de quatre ans, l'enfant avait pris modèle sur le facteur qui passait distribuer le courrier dans le village. Son papa nourricier lui avait trouvé une musette où il mettait des morceaux de papier, de vieux morceaux de journaux, pour aller les déposer dans chaque habitation. Les villageois jouaient bien le jeu en l'accueillant et en le félicitant largement. Il revenait alors satisfait à la maison avec le sentiment d'avoir bien accompli sa mission. N'ayant que très peu de jouets à sa disposition, il s'inventait régulièrement des jeux en s'inspirant de ce qu'il observait des gens du village, de ce qu'il voyait dans les travaux des champs.

Sa mère lui rendait visite de temps à autre. Quand il était encore petit, sa venue le laissait indifférent. Il voyait les adultes échanger entre eux, cela lui suffisait. Puis, au fur et à mesure des mois et des années, l'enfant devint méfiant et, lorsque sa famille l'avertissait que sa mère arrivait pour le voir, il rassemblait ses quelques jouets pour aller se cacher sous le pétrin, avec son chien appelé Tout-petit, le seul ayant le droit d'écouter ses secrets. Bien souvent, il fallait le tirer par le bras pour l'obliger à embrasser sa mère et il était rassuré en la voyant repartir. Le même scénario se jouait à chacune de ses visites. C'était la confusion dans sa jeune tête. On lui parlait de sa mère alors que, pour lui, il avait déjà un papa et une maman : ses parents nourriciers.

Dès qu'il s'agissait de se préparer pour accompagner sa mère nourricière aux courses, tout allait bien pour lui. Mais lorsqu'il s'agissait de se préparer en habits de cérémonie, dans de rares occasions certes, l'enfant devenait inquiet, peu habitué à affronter le monde extérieur.

Un jour, les préparatifs lui semblèrent particulièrement mouvementés. Il fallait être bien habillé pour la circonstance et il fallait bien se tenir au cours de la journée. Sa mère nourricière devait l'accompagner dans l'une des communes voisines et venir le récupérer en fin de journée, tout cela à pied bien entendu. Lors de la cérémonie, l'enfant devait tenir par la main une fillette qui avait à peu près le même âge que lui, quatre ans. Au cours de cette journée, il n'avait qu'une hâte, c'était que sa maman nourricière revienne le chercher. Il comprit beaucoup plus tard, à l'adolescence, qu'il avait assisté ce jour-là au mariage de sa mère avec un homme qui avait décidé de le reconnaître officiellement, sans pourtant que celui-ci le connaisse. C'est à ce moment-là qu'il a hérité du nom de son père adoptif, alors qu'il portait auparavant le nom de sa mère.

Lui devant tenir la main d'une fillette au mariage de sa mère et de son père adoptif

Son retour chez ses parents

À partir de ses cinq ans, l'enfant entendit parler plus souvent de sa soi-disant mère, mais il ne comprenait toujours pas pourquoi. Il s'accrocha d'autant plus à ses parents nourriciers, qui étaient pour lui ses vrais parents. Ils commencèrent à lui parler de l'école :
— Quand tu vas avoir six ans, il faudra aller à l'école. Tu rencontreras des enfants de ton âge. Ce sera bien, tu verras !

Lorsqu'il cherchait quelques précisions sur le lieu de l'école dont on lui parlait, il n'avait que des réponses floues. Alors, il se contentait de demander régulièrement quand arriveraient ses six ans. Plus son anniversaire approchait, plus ses parents nourriciers lui parlaient du jour J en lui disant :
— Un monsieur accompagnera ta mère en automobile et t'emmènera vivre chez tes parents. Ce sera bien, tu monteras dans une belle automobile.

L'enfant entendait bien sûr des choses mais sans mesurer vraiment la situation. Beaucoup de flou et d'inquiétude circulait dans sa tête. Ce qui le préoccupait surtout était de savoir comment il resterait en relation avec ses parents nourriciers. La femme le rassurait alors comme elle pouvait en lui promettant d'aller le voir souvent. Bien sûr, l'idée de pouvoir monter pour la première fois dans une automobile lui plaisait bien mais, pour le reste, il était très interrogatif.

Puis le jour J arriva. L'automobile était au rendez-vous. Après quelques échanges entre adultes, sa soi-disant mère lui tira le bras pour le faire monter dans le véhicule tandis qu'il tendait de toutes ses forces l'autre bras vers sa maman nourricière en pleurant toutes les larmes de son corps. Le long du trajet, ses pleurs s'estompèrent car c'était quand même bien de se faire transporter pour la première fois en automobile.

Dès son arrivée dans ce nouvel appartement, situé au rez-de-chaussée d'un vieil immeuble au cœur de la commune, l'enfant se sentit d'emblée mal à l'aise, complètement égaré dans ce nouveau lieu avec ces nouvelles personnes : cette mère quasiment inconnue accompagnée d'un monsieur qu'il n'avait jamais vu, ou plutôt qu'il ne reconnut pas, et d'un bébé d'un an et demi qu'il apercevait dans un berceau dans un coin de la pièce principale, pièce unique d'ailleurs, séparée de la chambre par un claustra.

Sur la droite, au rez-de-chaussée de l'immeuble clair, l'appartement de ses parents.

Les jours et les semaines qui suivirent furent bien tristes pour l'enfant, qui avait le chagrin, sans trop le montrer, de ses chers parents nourriciers. Jusqu'au jour où, environ deux mois plus tard, on lui apprit que sa mère nourricière passerait à l'appartement. Quelle bonne surprise pour lui d'apprendre cette nouvelle ! Le simple fait de savoir que sa maman nourricière allait venir lui rendit la vie dans cette nouvelle famille bien plus supportable.

Le grand jour arriva : sa vraie mère l'emmena à pied accueillir sa maman nourricière à la gare. Dès que l'enfant la vit, il lui sauta dans les bras en pleurant de joie ! Et tout au long du parcours, il ne lui lâcha plus la main. Arrivé à l'appartement, il ne quitta plus ses genoux, pendant que sa mère, agacée par cette attitude, lui jetait de drôles de regards. Mais l'heure où il fallut songer à reprendre le chemin de la gare arriva bien trop vite. L'enfant, ne supportant pas l'idée de voir repartir sa maman nourricière, se blottit contre elle en la suppliant à chaudes larmes de l'emmener avec elle, se traînant accroché à ses vêtements jusque dans la rue. Face à ce spectacle, sa vraie mère décida de rebrousser chemin avec lui après avoir eu beaucoup de difficultés à lui décrocher la main de cette femme, qui pleurait également de le voir dans cet état. L'enfant vit alors sa maman nourricière se diriger seule vers la gare et vécut ce moment comme un terrible abandon. Il apprit beaucoup plus tard que ses parents nourriciers avaient décidé de vendre leur petite ferme en viager dans les mois qui suivirent cette séparation pour arrêter ensuite leur activité agricole.

Sa mère dut le traîner par le bras pour le ramener à l'appartement. Et tout au long du chemin du retour, il continuait de crier :
— Je veux retourner avec maman !

La mère était dévorée de honte face aux voisins penchés à leurs fenêtres. Arrivée à l'appartement, elle fit pleuvoir les claques sur l'enfant :
— Tu m'as fait trop honte ! C'est ici ta maison maintenant et, puisque c'est ainsi, elle ne reviendra plus te voir !

C'est aussi à partir de ce moment-là que sa mère nourricière décida de ne plus garder d'enfant. Elle lui avoua plus tard que cette scène avait été trop difficile à vivre pour elle également.

L'enfant était dévasté et devait garder en mémoire cette scène durant le reste de sa vie. Au fur et à mesure que le temps passait, il se rendait compte qu'il n'y avait plus d'espoir pour lui de retourner dans sa famille nourricière. Sa santé morale et physique se dégrada alors petit à petit. Ses parents décidèrent de faire appel à une assistante sociale et, compte tenu de la situation, celle-ci passa lui rendre visite d'une façon régulière, ce qui dut mettre la pression à sa mère, qui espérait que les choses s'arrangeraient au plus vite. Ce ne fut malheureusement pas le cas.

La rentrée à l'école

Quelque temps plus tard, sa mère dut préparer son entrée à l'école, obligatoire à partir de six ans en 1949. Une nouvelle épreuve pour l'enfant, qui se montrait effacé, timide, craintif, s'interrogeant en permanence sur ce qu'il allait pouvoir encore lui arriver. Sa mère lui fournissait en effet très peu d'explications. C'était une éducation assez courante à l'époque. L'enfant subissait en n'ayant le plus souvent que le droit de se taire.

Après son inscription à l'école, arriva le moment d'acheter quelques vêtements. La tenue de l'écolier était souvent la culotte courte, la blouse noire ou grise, les chaussettes recouvrant les jambes et les galoches aux pieds. Il s'en est rappelé longtemps de ses galoches car, lorsqu'elles devenaient trop petites, on lui répondait :
— Tu attendras un peu car ce mois-ci nous n'avons pas prévu l'achat de galoches neuves !

Alors, en attendant, il devait apprendre à recroqueviller ses orteils jusqu'au moment où arriveraient enfin les galoches neuves.

Le moment de la rentrée scolaire arriva. Quel stress pour lui de faire face à l'enseignante et aux élèves, avec une mère qui avait pour habitude de dire fréquemment :

— Vous verrez, il est très timide.

En entendant cela, il se mettait à rougir. S'il avait pu, il se serait même glissé dans un trou de souris ! Cette timidité lui est restée longtemps.

Même si la rentrée scolaire fut une épreuve importante, elle s'est révélée satisfaisante avec le temps. La vie à l'appartement était somme toute bien plus difficile à vivre. Il avait l'impression de survivre avec des inconnus, de se trouver face à une mère pour laquelle il n'éprouvait que très peu de sentiments, et face à un père adoptif qui semblait l'ignorer.

— Tu pourrais quand même lui répondre ! disait sa mère à son mari lorsque l'enfant tentait une question.

Ce père semblait harassé de fatigue lorsqu'il rentrait chez lui. Il embrassait sa femme, le bébé dans le berceau et attendait que l'enfant se décide à venir l'embrasser. Et une fois qu'il plongeait les yeux dans son journal, il devenait encore plus hermétique. Il travaillait dans une ferme comme ouvrier agricole où il gagnait peu pour travailler durement.

Le mal-être de l'enfant grandissait peu à peu et, lorsqu'il devait se mettre à table et n'avait pas d'appétit, il se faisait rappeler à l'ordre par sa mère :

— Que va encore penser l'assistante sociale si tu maigris. Regarde comme tu es pâle !

La nourriture la plus difficile à avaler pour lui était le petit-déjeuner du matin. Bien souvent l'écœurement remplaçait l'envie de manger. Il ne fallait surtout pas que le temps se prolonge entre le moment de quitter la table et celui de franchir la porte pour partir à l'école sinon les vomissements avaient lieu et il recevait comme punition quelques coups. Les bons jours où il arrivait à se retenir, il vomissait en cachette à l'extérieur en longeant le mur de l'église, sur le chemin qui l'emmenait à l'école toute proche. Il comprit plus tard qu'il vomissait probablement alors sa condition de vie.

L'assistante sociale passait donc le voir régulièrement. Il voyait bien qu'elle se posait des questions en le regardant. Elle échangeait ensuite avec sa mère, qui semblait dépassée par les événements. Lorsque l'enfant eut sept ans, un autre bébé apparut. Le premier avait alors atteint ses deux ans.

Il fut question d'envoyer l'enfant à la montagne pendant les vacances scolaires, mais l'idée fut bien vite écartée.

— Nous n'avons pas d'argent pour cela ! lui dit sa mère.

Chemin faisant, la santé de l'enfant continuait de se dégrader. Des rendez-vous médicaux furent alors pris pour divers examens. Une intervention chirurgicale fut même programmée. Bien sûr, l'enfant n'eut guère d'explications à tout cela.

Voilà l'enfant dans l'année de ses neuf ans. Après l'intervention chirurgicale, son état de santé semblait quelque peu s'améliorer. Il était désormais en âge de passer dans la grande classe. L'établissement scolaire était divisé en deux classes, petite et grande section. Il était tenu par un couple : l'institutrice s'occupait de la petite classe, réservée aux enfants de six à neuf ans, et l'instituteur tenait la grande classe pour les élèves de neuf à quatorze ans. L'enfant dut donc surmonter une épreuve supplémentaire : ce monsieur l'instituteur était beaucoup plus sévère que madame l'institutrice !

La plupart du temps, il avait l'impression d'être en décalage par rapport aux autres enfants. Il se sentait moins bien habillé que les autres. Il percevait aussi que certains le mettaient de côté, riaient dans son dos. Plutôt que de se défendre, il essayait alors de passer encore plus inaperçu. Cela étant dit, l'école lui plaisait quand même bien.

Cet instituteur avait des principes, comme celui d'obliger les élèves à tenir leur crayon de la main droite. Or, l'enfant était gaucher. Après quelques avertissements, ce fut le passage à l'acte : l'instituteur arrivait par surprise derrière l'élève qui tenait son crayon de la main gauche et lui donnait un bon coup de règle sur la main, lui faisant lâcher le crayon. L'enfant s'empressait alors d'utiliser sa main droite puis, sans même s'en rendre compte, réutilisait naturellement la gauche. Si bien que les coups de règle par surprise tombaient de plus en plus fort.

Traumatisé par ces coups de règle, il s'entraîna ardemment à utiliser le plus souvent possible sa main droite. Trichant parfois lorsque l'instituteur était bien occupé à autre chose et se ressaisissant dès que l'instituteur était susceptible de le voir. Plus tard, devenu adulte, il resterait droitier pour écrire et gaucher pour tout le reste et continuerait d'envier toute personne écrivant de la main gauche. Mais, ce problème de main pour écrire à peu près résolu, il appréciait le travail scolaire dans sa globalité.

Les vacances scolaires sans ses parents

Les vacances scolaires d'été approchant, ses parents lui parlèrent de le placer pendant ces congés chez un couple de leurs amis qui tenait une ferme située à une vingtaine de kilomètres de là :
— Tu iras garder les vaches, ça te fera du bien, lui annoncèrent-ils.
— Tu seras au grand air et je connais bien ces gens, lui précisa son père adoptif.

Ce qui fut dit fut fait et le jour arriva où ce couple vint le chercher. L'enfant n'était pas mécontent de ce projet. Ces personnes lui parurent sympathiques, un peu sévères mais sympathiques.

Arrivé chez eux, il eut droit à la visite de la ferme et de sa chambre. Il y avait un chien et quelques chats. Il devait encore affronter l'inconnu, mais tout cela ne lui déplaisait pas. Ce milieu lui donnait une sensation de liberté, nettement meilleure que l'impression d'être confiné dans l'appartement de ses parents, bien triste appartement.

À la ferme, la principale tâche qui lui fut accordée fut de surveiller les vaches en prairie. Dans ces années-là, il y avait peu de clôtures pour entourer les champs. Les talus servaient de limite aux parcelles. Et les troupeaux de vaches n'étaient constitués que d'une dizaine de bêtes maximum. Il devint donc, le temps de quelques semaines, un patou. Ce nom patois désignait un gardien de vaches, peut-être en référence au montagne des Pyrénées, un chien très souvent surnommé patou. Au début, l'enfant trouvait le temps long. Mais assez vite il repéra un autre jeune dans une prairie voisine et ils finirent par se tenir un peu compagnie.

En dehors de cette tâche, il était sollicité pour participer à de menus travaux d'intérieur ou d'extérieur. Tous les dimanches matin, le couple se rendait à la messe dans la commune située à quelques kilomètres de là. L'enfant était alors tenu de surveiller la maison. Le dimanche était un jour particulier à la ferme car il n'y avait pas à garder les vaches en prairie. Elles restaient soit dans un enclos proche de la ferme soit à l'étable.

L'enfant avait repéré depuis un moment un vélo de femme dans le cellier attenant à la pièce principale et il rêvait depuis quelques années déjà d'apprendre à en faire, s'apercevant bien qu'autour de lui des enfants plus jeunes pratiquaient le vélo. Il avait aussi repéré l'heure de retour du couple. Donc, avec appréhension, il sortit un jour le vélo du cellier et l'enfourcha tant bien que mal.

L'entraînement avait lieu dans le verger de pommiers donnant sur le cellier. De là, il n'était pas vu de la route ni de l'entrée dans la cour. De plus, l'herbe du verger était plus confortable que les graviers de la cour en cas de chute, et ce autant pour les genoux et les coudes que pour le vélo. Il fallait absolument éviter d'avoir des comptes à rendre au couple qui l'hébergeait ! Les chutes furent nombreuses la première fois mais sans casse ni bobos trop apparents. Dès la troisième fois, les chutes commencèrent à diminuer et ainsi de suite. C'est ainsi qu'il finit par savoir faire du vélo, mais à quel prix ! Il savait bien sûr qu'il ne pouvait pas compter sur ses parents pour lui acheter un vélo. Ce ne fut que vers l'âge de onze ou douze ans qu'il eut le droit, de temps en temps, d'emprunter le vélo de sa mère.

La fin des vacances scolaires approchait et l'appréhension montait en lui en songeant qu'il allait devoir retourner vivre chez ses parents. En même temps, l'idée de reprendre l'école lui plaisait bien. Ce séjour à la ferme lui fut salutaire. Il avait pris des couleurs et du poids. Il faut dire que la nourriture y était plus riche et plus variée que chez ses parents ! Le couple le ramena donc chez ses parents et, heureusement pour lui, ils leur dirent plutôt du bien de lui. Ces vacances en pleine nature lui avaient été globalement profitables.

Le départ de la famille à la campagne

L'école reprit quelques jours plus tard. L'enfant avait pris un peu d'assurance. À l'école, il avait le minimum de fournitures scolaires, si bien qu'il enviait parfois certains camarades possédant de beaux stylos à plume ou autres. Il voyait parfois en cours de récréation certains camarades faire des échanges ou de petits marchandages, ce qui l'avait amené à deux ou trois reprises à chaparder quelque petite monnaie traînant chez lui sur un meuble pour s'offrir en cachette un joli stylo qu'un camarade lui avait proposé. Son souci ensuite était de ruser pour ne pas faire voir cette acquisition à ses parents car il aurait alors fallu rendre des comptes, ce qu'il voulait éviter à tout prix. Avec le temps, il s'était bien intégré à l'école et il s'était habitué tant bien que mal à la cohabitation avec ses parents malgré l'ambiance plutôt triste qui régnait dans leur appartement.

Les petits salaires de son père adoptif obligeaient sa mère à quitter le foyer quelques heures le jeudi, jour de repos scolaire, pour aller travailler chez des gens plus aisés. Elle y faisait des lessives, des ménages ou autres corvées. En son absence, il était chargé de surveiller les deux autres enfants. Pendant ce temps, certains de ses camarades pouvaient profiter d'activités beaucoup plus agréables, comme les entraînements de football par exemple.

Plus il avançait en âge et plus il se rendait compte que c'était à l'école qu'il se plaisait le mieux. Il comprit assez tôt qu'il valait mieux ne pas trop remuer ses souvenirs d'enfance, de l'époque où il vivait chez ses parents nourriciers, pour éviter d'être triste.

Lorsqu'il arriva à l'âge de ses onze ans, il perçut que ses parents se préparaient à apporter un changement dans leur vie. Rien ou presque ne se disait en sa présence car ses parents craignaient qu'il ne colporte des nouvelles que les voisins de l'immeuble n'avaient pas à connaître. D'abord, son père quitta son poste d'ouvrier agricole pour prendre un travail en tant que manœuvre dans le bâtiment. Une charge pas moins harassante mais un peu mieux rémunérée.

Ensuite, lorsqu'arrivèrent les grandes vacances scolaires, ils déménagèrent pour aller habiter à la campagne, dans une commune voisine. Ils s'installèrent dans une petite ferme dont le propriétaire occupait une pièce à l'extrémité du bâtiment. Les parents pouvaient résider dans tout le reste de la maison, ce qui leur donnait un bien plus grand espace qu'auparavant, avec une grande pièce de vie et une grande chambre attenante, sans compter les dépendances. En échange de la location gratuite, sa mère devait assurer une partie du travail de la ferme : traite des vaches, aide au travail des champs. Tout le gros du travail était pris en charge par le propriétaire qui s'arrangeait avec les voisins agriculteurs pour le labour, la préparation de la terre, les semences, les plants, ... Pour sa mère, cela s'appelait « prendre une ferme en gérance ». Ce qui changea nettement la vie de chacun, avec beaucoup plus d'espace pour circuler. L'enfant eut quelque peine à quitter son école et ses camarades mais il en avait vécu bien d'autres !

Après avoir bien pris connaissance des lieux, l'heure de l'inscription à la nouvelle école arriva. Ce fut à l'école publique. L'autre enfant, qui venait d'avoir six ans, fut quant à lui inscrit pour la première fois à l'école privée. Cette nouvelle école publique lui laissa une bonne impression pour la suite. Il fut accueilli par une jeune institutrice bien sympathique qui venait tout juste d'être nommée dans cet établissement.

De retour à la ferme, le propriétaire énuméra la liste des tâches que la mère aurait à accomplir. Celle-ci demanda à l'enfant de l'accompagner. Chaque jour, matin et soir, elle devait aller traire les vaches dans les prairies car le bétail, constitué d'environ huit bêtes, restait en permanence dehors, été comme hiver. Au début, cette tâche plut bien à l'enfant, mais lorsque l'école reprit, ce fut moins drôle. Il devait accompagner sa mère en l'aidant à porter les bidons de lait vides pour les ramener pleins au retour. Après tout cela, il était grand temps de prendre le chemin de l'école. Il devait parcourir plus de deux kilomètres à pied en ayant sous sa responsabilité l'autre enfant de six ans. Avec un peu de chance, ils arrivaient à l'heure. Mais bien souvent, il était en retard car son école était un peu plus éloignée que celle du plus jeune. Il n'était pas question de dire qu'il était parti trop tard de la maison car sa mère le lui interdisait pour ne pas en être tenue pour responsable. C'est donc lui qui prenait la punition et se retrouvait à devoir copier des lignes telles que : « Je n'arriverai plus en retard ». Lorsque, certains matins, l'heure était trop avancée, la mère consentait tout de même à lui prêter sa bicyclette avec un tas de recommandations qu'il avait tout intérêt à appliquer au risque que sa sœur cadette le moucharde. Mais il eut l'occasion de voir que celle-ci pouvait aussi, à certaines occasions, le protéger pour lui éviter des réprimandes.

Ses parents enfin propriétaires

Le père n'était que peu présent, faisant de longues journées de travail. Il fallait ajouter à cela le temps de trajet qu'il faisait à vélo matin et soir, la ville étant à une quinzaine de kilomètres de leur lieu d'habitation. De plus, pour se faire un peu d'argent en complément, il profitait de ses vacances d'été pour partir aider aux moissons à deux cents ou trois cents kilomètres de là. En cours d'année, il partait aussi bien souvent le samedi aider des collègues de travail à construire leur maison. C'est à ce prix qu'il réussit à amasser quelques économies pour se dénicher un bout de maison dans un lieu-dit situé à quatre ou cinq kilomètres de la ferme où ils vivaient. L'habitation à la ferme lui convenait mais il supportait de plus en plus difficilement la présence du propriétaire à proximité. Il passa plusieurs samedis, avec l'aide de ses collègues de travail, à œuvrer pour rendre cette acquisition habitable.

L'endroit était peu confortable, certes, mais il réalisait enfin son rêve : avoir un chez-lui.

Cette petite maison ne comportait qu'une grande pièce avec une cloison de bois qui séparait la chambre de la cuisine-salle à manger. À l'arrière de ce bout de bâtiment, il y avait le débarras et, à l'arrière de celui-ci, se trouvait un jardin potager divisé en trois parcelles qu'il partageait avec deux autres voisins. Dans chaque parcelle, il y avait une petite cabane qui servait de toilettes. En face de l'habitation, un petit appentis en parpaings permettait d'y faire les lessives. L'enfant n'avait jamais vu ses parents aussi heureux que le jour où ils déménagèrent de la ferme pour venir habiter ce bout de maison. Ils devenaient enfin propriétaires ! Ces modestes gens savaient se contenter de peu.

Quelques mois plus tard naquit un dernier enfant. L'enfant aîné avait alors douze ans, le second sept ans et le troisième cinq ans. Tout ce monde-là dormait du côté chambre, qui faisait environ 10-12 m², excepté lui, l'aîné des enfants, qui dormait dans un coin de la pièce de vie. Pour se laver, la petite toilette se faisait au-dessus de l'évier de la cuisine. Et pour la grande toilette, elle se pratiquait dans une grande bassine galvanisée, bien souvent avec de l'eau à peine tiède. Puisque cela correspondait au confort de l'époque dans les milieux modestes, ils n'attendaient rien de plus.

Grâce aux heures supplémentaires et à son travail saisonnier de l'été, son père réussit à s'acheter un vélomoteur, bien plus pratique que le vélo pour se rendre à son travail, situé à une quinzaine de kilomètres de leur domicile. C'était, pour lui, presque un luxe !

L'enfant aîné et le deuxième devaient marcher sur environ deux kilomètres pour se rendre à l'école. Les jours de repos scolaire, sa mère continuait de travailler dans une ferme voisine pour se faire un peu d'argent de poche. Il devait alors surveiller les autres enfants et faire le ménage qu'on lui indiquait de faire, alors qu'il aurait tant souhaité participer à des activités extra-scolaires avec ses camarades d'école. Sa mère s'était contentée de l'inscrire auprès du curé de la paroisse les dimanches et certains jours fériés comme enfant de chœur lors des cérémonies religieuses. Pour lui, c'était quand même mieux que rien et cela lui servait de bouffée d'oxygène.

Retour sur le passé

Il arrivait que les parents reçoivent de la famille ou des amis certains dimanches après-midi. À plusieurs reprises, il avait remarqué que, lorsqu'il s'absentait de la pièce, les échanges allaient bon train, et qu'au moment où il réapparaissait, ses parents et les invités s'arrêtaient de parler. Cela attisait sa curiosité, il se posait des questions, mais malgré ses demandes, elles restaient malheureusement la plupart du temps sans réponse.

Un jour où sa mère ne pouvait se déplacer pour présenter des documents à la mairie, elle lui remit le livret de famille pour qu'il se rende à la mairie à sa place. Il ne manqua pas de s'arrêter en cours de trajet pour éplucher le contenu du livret. Il put ainsi constater que la date de sa naissance était en net décalage avec la date de mariage de sa mère. C'est à partir de là qu'il put imaginer que le mari de sa mère n'était probablement pas son père. Il restait alors à savoir qui pouvait bien être son vrai père. C'est une question qui l'envahit durant plusieurs années. Il se risquait bien de temps en temps à essayer d'obtenir la réponse auprès de sa mère, qui ne lui révéla pas la vérité, sans doute submergée elle-même par la culpabilité. Il ne put connaître la vérité que bien des années plus tard. Face au mal-être provoqué par la situation et à ses nombreuses frustrations, il en voulait à sa mère et il lui arrivait de l'insulter intérieurement. C'était sa seule façon à lui de se libérer un peu.

Repenser au passé restait toujours douloureux. À chaque fois qu'il resurgissait, l'enfant devait vite poser son esprit ailleurs, ce qui était souvent difficile. Mais il y parvenait tant bien que mal. Il faut dire aussi qu'inconsciemment, les années passant, il avait fini par en vouloir à ses parents nourriciers. Dans son for intérieur, il vivait leur silence comme une forme d'abandon. Ce sentiment dura encore de longues années où il ne pouvait se résoudre à faire la démarche de leur rendre visite, jusqu'à bien après sa majorité.

Un des seuls plaisirs qu'il avait était l'école. Apprendre le nourrissait. Il entendait l'institutrice commencer à leur parler de certificat d'étude, ce qui le stimula encore davantage. Chez d'autres élèves, cela provoqua plutôt une forte appréhension. Il comprit que l'institutrice préparait un petit groupe d'élèves susceptibles d'être présentés à ce diplôme et il lui sembla qu'il en faisait partie.

L'enfant avait désormais treize ans. Le travail scolaire le motivait toujours autant, c'était même pour lui un refuge. Il s'ennuyait toujours beaucoup au moment des vacances scolaires. Il n'était pas question pour lui de participer à des activités à l'extérieur. Sa mère exigeait de lui de faire du ménage, d'encaustiquer et de faire briller le parquet de la chambre par exemple. Et lorsqu'elle partait aider à la ferme, il était encore tenu de surveiller les autres enfants ou de faire bien d'autres corvées. Il n'attendait qu'une chose : la fin des vacances scolaires d'été.

1956 : le certificat d'études

Quelques jours après la rentrée, l'institutrice désigna et prépara psychologiquement les élèves susceptibles d'être présentés au fameux certificat d'étude. Son nom figurait sur la liste, ce qui le motiva encore plus. En février 1957, il venait d'atteindre ses quatorze ans. Il restait environ quatre mois avant la fameuse épreuve. Ils étaient deux élèves à s'y accrocher plus particulièrement. Son esprit était bien occupé, si bien qu'il parvenait à mettre un peu de côté son questionnement sur l'identité de son père biologique.

Le travail scolaire à la maison n'était pas très aisé. Il n'y avait qu'une pièce de vie pour toute la famille, les parents plus les quatre enfants. Il était donc difficile de se concentrer !

Cela devenait plus facile aux beaux jours : installé sur un côté de la porte d'entrée, il pouvait s'assoir sur une marche, le dos collé sur la partie de la porte d'entrée qui restait fermée. Il lui arrivait également d'aller s'isoler dans le débarras situé à l'arrière de la maison, à condition qu'il ne fasse pas trop froid.

Juin 1957 : le jour du certificat d'étude était arrivé ! L'examen eut lieu dans la ville principale du canton, située à quelques kilomètres de chez lui. C'est la jeune institutrice qui conduisit ses élèves. Sur les trois élèves qu'elle présenta, seuls un autre camarade et lui furent reçus.

Quelques jours plus tard, ses parents et lui furent invités à venir voir l'institutrice. Elle le félicita devant ses parents et elle les sollicita vivement :

— Votre fils se débrouille très bien en classe, il a des capacités et cela serait dommage qu'il s'arrête là.

À cela, ses parents acquiescèrent discrètement. L'enfant se montra plutôt assez fier de ces encouragements. Mais il ignorait complètement ce qui l'attendait ensuite. Dès le retour à la maison, ce fut un peu la douche froide lorsqu'il entendit ses parents lui annoncer :

— Écoute, c'est très bien tout cela, mais nous n'avons pas les moyens de te faire continuer l'école. Donc tu feras comme nous. Tu iras travailler d'abord et tu te débrouilleras ensuite.

Et ils lui apprirent qu'ils lui avaient trouvé une place dans une ferme située à cinq ou six kilomètres de chez eux en ajoutant :
— Tu verras, cela te plaira, les fermiers seront gentils avec toi et ils nous ont dit que tu pourrais t'occuper du cheval et même conduire le tracteur de temps en temps !

Cette surprise fut loin de le satisfaire, bien au contraire. Mais le seul avantage qu'il perçut d'emblée face à cette décision était qu'il allait enfin pouvoir prendre de la distance vis-à-vis de l'univers familial. Il n'aura donc finalement vécu que huit années chez ses parents.

Première embauche à la ferme

Il commença donc à travailler une semaine plus tard, à l'âge de quatorze ans. Il partit à la ferme en recevant les recommandations suivantes :
— Nous comptons bien sur toi pour passer nous voir le dimanche après-midi lorsque tu seras libre.

Dans un premier temps, cela ressembla plutôt à une semi-liberté mais assez vite l'adolescent s'accorda petit à petit plus de permissions et plutôt que de passer chez ses parents chaque semaine il réussit à ne s'y rendre que toutes les deux semaines.

 Bien vite, il fit connaissance avec un jeune de son âge que les parents avaient placé dans une ferme voisine. Les deux adolescents s'organisèrent assez vite avec l'obligation qu'ils avaient tous les deux de rendre des visites régulières à leur famille. Équipés chacun d'un vélo, et après en avoir parlé avec leurs parents, ils se rendaient tous les deux chez les parents de l'un d'entre eux un dimanche, puis chez les parents de l'autre le dimanche suivant. Avec le temps, ils arrivèrent à grignoter toujours un peu plus de liberté en s'écartant de cette obligation familiale. Ils purent ainsi s'adonner à des activités beaucoup plus ludiques pour leur âge, comme se rendre aux fêtes annuelles communales ou rencontrer copains et copines. Ils s'inscrivirent également à diverses activités qu'un prêtre de la commune avait mis en place et intégrèrent notamment une fanfare qui comprenait clairons, trompettes et tambours. Ils pouvaient ainsi sortir certains soirs en semaine pour participer aux répétitions. Ils jouèrent aussi dans la pièce de théâtre annuelle. Même si leur orientation professionnelle n'était pas des plus enviables,

les deux adolescents appréciaient de pouvoir enfin profiter de la vie !

Environ trois années se passèrent ainsi jusqu'au moment où chacun d'eux eut besoin de voir ailleurs et de prendre ses distances par rapport à la première ferme qui les avait embauchés. Les fermiers finissaient par avoir un contrôle et un pouvoir sur eux qui avaient de leur côté besoin, en tant qu'adolescents, de jouir d'une plus grande indépendance. Vers l'âge de dix-sept ans, ils se séparèrent donc et firent chacun leur chemin.

En 1958, il apprit que son père nourricier venait de mourir sans que cela ne le touche particulièrement. Il faut dire que cette nouvelle le replongeait une fois de plus dans les méandres de son enfance. À quinze ans, il était arrivé à un âge où il avait tellement de choses à vivre, à découvrir qu'il préférait laisser son enfance où elle était. Sans compter qu'il n'arrivait pas à oublier le traumatisme subi lorsqu'il avait six ans. Il avait vécu le placement chez sa mère biologique comme un abandon de la part de ses parents nourriciers, alors que bien sûr ils n'y étaient pour rien. Il ne le réaliserait que bien des années plus tard.

À la recherche d'un nouveau métier

Il se fit embaucher dans une grande ferme où sa tâche principale était de conduire le tracteur avec divers outillages. Il en éprouva de la satisfaction quelque temps mais assez vite il se dit que sa vie ne serait pas celle-là. Lorsqu'il se retrouvait avec ses camarades de fanfare, il essayait d'obtenir des renseignements, des adresses de centres de formation qui pourraient l'intéresser pour apprendre un nouveau métier. Il finit par s'adresser à un centre d'orientation où il dut passer quelques épreuves et tests psychotechniques afin d'être orienté vers un centre de formation. Le résultat des épreuves et tests obtenu lui donnait accès à une formation de tourneur-ajusteur, mais aucune place n'était disponible dans ce domaine avant huit mois. Ce qui ne l'arrangeait pas car il approchait de ses dix-huit ans et il souhaitait quitter au plus vite son emploi à la ferme. À sa question :
— Quelle serait la date la plus proche pour une place disponible en centre de formation professionnelle ?
On lui répondit :
— Nous avons bien une place disponible dans un centre à cent kilomètres de là dans trois mois mais elle ne correspond pas à la formation dont vous pourriez bénéficier.

Il demanda quand même la nature de cette formation et il apprit qu'il s'agissait de l'apprentissage d'un métier du bâtiment : plâtrier. Peu importe, il réserva la place compte tenu du court délai d'attente. Il cherchait avant tout une échappatoire pour se sortir de la ferme.

Trois mois plus tard, il quitta donc son travail à la ferme pour partir en formation pour une durée de six mois. Très vite, il se lia d'amitié avec un garçon plus âgé que lui qui venait de terminer son service militaire. Cet homme, avec une bonne expérience de la vie et un certain charisme, lui servit de repère pendant ce stage et bien au-delà. Cette formation les motiva et tous les deux rentrèrent en une sorte de compétition. Et cela jusqu'au moment de l'examen final, qui comportait une partie théorique et une partie pratique. C'est l'adolescent d'à peine dix-huit ans qui décrocha la première place et son ami la place de second. Le premier eut même l'honneur de figurer au journal. Un moment satisfaisant et encourageant pour lui, mais quand même loin de rattraper les années scolaires qu'il avait perdues. De là, il se fit embaucher avec son ami dans une entreprise de maçonnerie-plâtrerie pour une année et demie à peine qu'il lui restait avant d'être appelé à faire son service militaire.

Durant ce temps, il sentait bien qu'il ne se satisferait pas de ce travail toute sa vie. Il essayait d'imaginer ce qui pourrait bien lui plaire sans parvenir à une idée précise. Il entendait parler de représentants de commerce gagnant bien leur vie. Il s'inscrivit alors à l'école polytechnique de vente à Paris qui lui envoya des cours du soir. Il devait les retourner régulièrement pour obtenir des appréciations et cela pendant un an et demi, ce qui occupait ses soirées dans sa chambre de bonne. Il avait toujours ce besoin d'apprendre en ayant bien conscience que les années passées ne pourraient se rattraper.

Peu après ses dix-sept ans, il lui arriva au moins à deux reprises de faire la route à vélomoteur du centre de formation jusque chez ses parents, parcourant ainsi environ soixante-quinze à quatre-vingts kilomètres. Un jour, au moment des fêtes de fin d'année, il fut renversé par un automobiliste à environ un kilomètre de chez ses parents. Il en ressortit avec un traumatisme crânien et diverses blessures, ce qui ne l'empêcha pas de reprendre sa formation dès la réouverture du centre. Au cours du dernier cycle de sa formation, il apprit enfin à conduire et obtint son permis juste avant l'examen final du centre de formation professionnel.

Vers ses dix-huit ans, il fit la rencontre d'une amie. Ils s'attachèrent et ce fut enfin une belle période de jeunesse, de liberté et d'insouciance. Balades en scooter, bals populaires, cinéma, … Il fit aussi l'acquisition de sa première automobile. Enfin, la vie était belle !

L'appel sous les drapeaux

À dix-neuf ans, il fut appelé pour le service militaire et affecté dans l'armée de terre, dans les transmissions. Il partit donc direction les Vosges. Lui qui n'avait jamais quitté la Bretagne dut apprendre à se débrouiller par ses propres moyens : voyage de la gare de Rennes à la gare Montparnasse, puis taxi vers la gare de l'Est avant un dernier trajet en train jusqu'à la gare d'Épinal. Dure épreuve pour une première fois !

Il comprit vite que cette période n'allait pas être facile pour lui. N'ayant pas du tout l'esprit militariste, être obligé d'appliquer et de répondre à des ordres lui paraissait complètement illogique, surtout pendant la période des classes. Il apprit à marcher au pas, à manier les armes. Les parcours du combattant exigeaient une bonne condition physique. Il fallait réussir des exercices plus difficiles les uns que les autres, tels que ramper à plat ventre sur un sol plus ou moins boueux avec des fils placés au-dessus des soldats, tout cela en maintenant le fusil à distance du sol. Les autres activités étaient tout aussi ardues : les longues marches, été comme hiver, de jour comme de nuit, le démontage et le remontage des armes en un temps rapide, les réveils nocturnes avec revue des placards ou pour partir marcher, ... Durant cette période difficile, le courrier de sa petite amie, qu'il recevait régulièrement, venait heureusement lui apporter du baume au cœur.

La période fut compliquée à vivre. Il était complexé lorsqu'il se trouvait face à des personnes se montrant supérieures à lui, il manquait de confiance en lui. Pour ne pas être en reste, il s'inventait alors une vie qu'il n'avait pas. Lorsqu'on lui demandait sa profession ou ce qu'il voulait faire, il se disait représentant commercial mais s'en voulait par la suite d'avoir menti et se sentait complètement ridicule d'avoir inventé de tels propos.

Après cette période des classes, les soldats étaient dirigés vers différentes casernes en France pour y faire soi-disant une formation d'une durée de trois mois. Pour lui, ce fut une formation en électricité au Kremlin-Bicêtre. Il y participa avec peu d'intérêt, se désignant garde-chambre à bon nombre d'occasions. L'appréciation en fin de formation lui donna une bien faible note. De retour à sa caserne d'incorporation, il eut droit à des réprimandes de la part de ses supérieurs.

À la suite de cela, les soldats pouvaient bénéficier de permissions leur permettant de se rendre dans leur famille. Il retrouva alors son copain de ferme qu'il avait perdu de vue un moment. Un jour, il l'emmena avec lui chez sa petite amie et, avec le temps, ce copain et la sœur de sa petite amie tombèrent amoureux. Si bien que ces deux-là finirent par vivre ensemble et y faire leur vie.

Au retour de permission, on désignait à chaque soldat une fonction dans les services de la caserne. Lui fut nommé provisoirement au poste de vaguemestre, poste agréable en comparaison avec ce qu'il avait vécu auparavant. Malheureusement, il n'occupa ce poste que peu de temps, uniquement lorsque le soldat qu'il remplaçait était absent pour une grande permission. Il fut ensuite convoqué devant le commandant de la caserne qui l'informa qu'il devait se préparer à être muté dans un camp en Algérie, plus exactement à Colomb-Béchar, dans le désert du Sahara. Bien triste nouvelle pour lui ! Il dut donc se préparer à quitter pour un moment sa petite amie et tout le reste. Ces moments d'arrachement étaient difficiles à vivre !

Après une courte permission, il partit pour embarquer à Marseille avec tout son barda militaire. La traversée de la Méditerranée fut difficile, avec une mer agitée. Les militaires n'échappèrent pas au mal de mer. Lui ne fut pas épargné et vomit durant une bonne partie de la traversée. Arrivé sur la terre ferme à Alger, il lui fallut un bon moment pour se remettre de ses vertiges. Suivirent de longues heures de route dans un camion militaire inconfortable puis un trajet en train traversant de grandes étendues de champs d'orangers avant d'atteindre Colomb-Béchar, dans le désert du Sahara. Quelles épreuves pour quelqu'un qui n'avait jamais quitté sa campagne ou presque !

Arrivé au camp, il lui fallut trouver ses repères avec les gradés comme avec les autres soldats, comprendre tout le fonctionnement. Le plus difficile pour lui était de supporter le climat, avec ses différents et brutaux changements de température. Les journées étaient très chaudes tandis que les nuits étaient bien froides. Lorsque les soldats montaient la garde à l'entrée du camp la nuit, ils devaient ainsi bien se couvrir avec un habit chaud et long que l'on appelait djellaba.

Pour ce qui était de la nourriture au camp, les soldats se plaignaient souvent de son peu de variété : les plats de lentilles revenaient fréquemment au menu. De plus, étant donné que les cuisines étaient situées à environ vingt mètres de distance du réfectoire en extérieur, les plats prenaient un peu de sable au cours du transport, si bien que cela croquait sous les dents à l'arrivée. Les soldats ayant des parents aisés leur commandaient des colis alimentaires pour améliorer un peu les menus du camp.

Il finit par se faire un copain et les jours où ils n'étaient pas de garde, ils pouvaient s'échapper un peu du camp pour se rendre à la ville de Colomb-Béchar, où il y avait, somme toute, peu de choses à voir mis à part les militaires qui se traînaient dans les rues. Il y avait bien quelques maisons de passe appelées communément bordels militaires, mais ce n'était pas son truc. Il comptait bien rester fidèle à sa petite amie.

En dehors d'aller à la ville, son copain et lui furent tentés certaines fois de se rendre côté désert pour voir ce qu'ils pourraient découvrir de l'autre côté de la dune de sable qui se trouvait à un peu plus d'un kilomètre du camp. Ce qu'ils mirent à exécution. Cependant, ils comprirent bien vite que cette escapade n'était pas sans danger. Ils rencontrèrent à deux ou trois reprises un groupe de garçons d'une dizaine d'années planqués de l'autre côté de la dune, prêts à leur lancer des cailloux ou d'autres projectiles. Il faut dire que la signature pour l'indépendance de l'Algérie n'avait pas encore eu lieu et que, pour ces garçons, les Français n'étaient pas les bienvenus. Après quelques peurs, les deux copains évitèrent donc de s'éloigner trop du camp.

Au fur et à mesure que les semaines s'écoulaient, son moral allait de moins en moins bien. Il supportait mal l'ambiance du camp, la nourriture le détraquait et surtout le courrier de sa petite amie devenait peu à peu moins enflammé et s'espaçait de plus en plus, ce qui n'était pas sans le chagriner. Il sentait qu'il se passait quelque chose d'anormal.

Un jour, il fut dirigé vers l'infirmerie qui se situait à quelques centaines de mètres du camp, dans le camp des légionnaires. Il s'avérait que le camp des transmissions où il se trouvait n'était pas équipé d'une infirmerie ni d'une prison, que l'on appelait mitard.

Donc, en cas de besoin, les soldats devaient se rendre dans le camp des légionnaires, où la discipline était très appliquée ! Après une semaine, il regagna son camp sans aller mieux, bien au contraire. Si bien qu'après deux ou trois retours à l'infirmerie, la décision d'un rapatriement sanitaire par avion en France fut prise, après plus de six mois passés à Colomb-Béchar.

Le début d'une nouvelle vie

De retour en France, il alterna les séjours à l'hôpital militaire, dans sa caserne et les permissions chez ses parents, ainsi jusqu'à sa libération : la quille ! C'est à ce moment-là qu'il reprit contact avec sa petite amie pour se rendre assez vite compte qu'elle avait pris quelque distance avec leur relation. Cela correspondait bien à ce qu'il avait ressenti dans le contenu de ses courriers. Il apprit qu'elle s'était fait un nouveau petit ami. Malgré cela, il eut bien du mal à se détacher d'elle et vécut cette rupture comme un abandon, le quatrième de sa vie malgré son jeune âge.

On dit souvent que le premier amour marque l'individu. Il vécut effectivement une période difficile pendant quelque temps. Puis il finit par réaliser qu'il devait sortir de ce marasme pour se pencher sérieusement sur la recherche d'un emploi qui pourrait lui plaire. Il prit également conscience qu'il lui restait toujours la possibilité de faire une belle rencontre afin de pouvoir envisager de fonder une famille. Cela lui tenait à cœur à cause de ce qu'il avait vécu tout au long de son enfance et de son adolescence. Notons qu'à cette époque les jeunes se mariaient souvent tôt. La société actuelle a bien changé.

Pour passer le temps, il était clairon dans la fanfare de sa commune et faisait du théâtre, comme avant son service militaire. Sa commune proposait en effet beaucoup d'activités, notamment grâce à la présence d'un prêtre qui savait très bien occuper et encadrer les jeunes, qui l'appréciaient beaucoup. C'est ainsi qu'un jour, il revit un copain qui avait participé aux mêmes activités que lui avant le service militaire. Un an plus âgé que lui, il avait déjà trouvé un emploi dans un hôpital depuis environ un an. Il lui raconta la façon dont il avait été recruté et bien sûr en quoi consistait son travail. Le recrutement lui sembla assez facile car cet établissement donnait la priorité à des jeunes étant libérés du service militaire. Il ne tarda pas à se présenter au bureau de recrutement de

l'établissement où il dût présenter son itinéraire et remplir un questionnaire. Quelques mois plus tard, il fut convoqué par le maire de sa commune qui lui apprit qu'une personne de l'établissement était passée le voir afin de procéder à une enquête le concernant :
— Ne t'inquiète pas, te connaissant ainsi que tes parents, je n'ai donné que de bons renseignements sur toi, lui assura-t-il.

Environ deux mois plus tard, il fut convoqué pour apprendre qu'il était recruté en tant qu'agent de service hospitalier. Dans le même temps, il s'arrangea avec son ami, qui travaillait déjà dans cet établissement et habitait la commune voisine de la sienne, en lui demandant de bien vouloir le conduire à l'hôpital en attendant qu'il puisse faire l'acquisition d'un véhicule.

1964 : une année marquante !

Il prit son poste à l'hôpital psychiatrique du département en mars 1964. Il était soulagé d'avoir trouvé un emploi. Il sentait bien que ce travail allait lui plaire, lui qui ressentait le besoin de se tourner vers les autres, sans doute à cause de ce qu'il avait vécu au cours de son enfance et de son adolescence.

Les débuts ne furent pas du tout évidents pour lui. Se retrouver du jour au lendemain dans un milieu tel que celui de la psychiatrie, à une époque où il pouvait y avoir jusqu'à deux cents patients chronicisés dans une même unité de soins, c'était loin d'être gagné. Il vivait à ce moment-là chez ses parents et, en rentrant après sa journée, il se demandait s'il pourrait reprendre le chemin de l'hôpital le lendemain matin. En y réfléchissant, il arrivait malgré tout à se dire : « Puisque mon copain et les autres jeunes s'y sont habitués avant moi, pourquoi moi je n'y arriverais pas ! » Et au bout de quelques semaines, l'habitude fut prise.

En tant qu'agent de service, ses tâches consistaient essentiellement à faire le ménage, à aider à dresser le couvert au réfectoire et à donner à manger à certains patients non autonomes. Il dut ensuite travailler en équipe. Il alternait une semaine dans l'équipe du matin et une semaine dans l'équipe de l'après-midi. À ce moment-là, il n'y avait encore qu'une journée par semaine de repos. Les jeunes agents aidaient alors au lever, à la toilette et à l'habillage des patients, ainsi qu'au coucher le soir. À l'époque, ils étaient soutenus dans leurs tâches par le personnel infirmier, en dehors bien sûr de leurs obligations telles que les soins, la préparation et la distribution des médicaments, leur présence auprès des internes et des médecins lors de leur passage ou la rédaction des rapports journaliers sur l'observance des patients.

Quelque temps après son recrutement, les agents de service furent informés de la date d'un concours d'entrée donnant accès à l'école de formation d'infirmier·ère·s. Il fut alors pris d'une nouvelle inquiétude, voire d'une certaine angoisse, à l'idée de passer ce concours car il était mentionné que le niveau baccalauréat était souhaité, ou tout au moins le niveau BEPC. Lui n'avait obtenu que le CEP (Certificat d'études primaires). Son passé le rattrapait encore ! Il comprit très vite qu'il fallait absolument faire progresser son niveau d'études. Lui qui avait tant souhaité poursuivre son apprentissage après le certificat d'études ! L'occasion lui en était donnée.

Son copain et lui décidèrent de demander de l'aide au prêtre de leur commune, qui se montrait toujours disponible dès qu'il fallait apporter de l'aide aux jeunes. Celui-ci accepta d'emblée de les aider et s'empressa même de leur trouver des modèles de concours d'entrée dans l'administration. Chacun des deux jeunes hommes se rendait auprès de lui à des jours et horaires différents.

Paroisse du prêtre qui l'aida à préparer ses examens.
Sur la droite, le presbytère où il était reçu.

Au cours de cette période, il retrouva son copain de ferme qui était toujours avec la sœur de son ancienne petite amie. Celui-ci l'emmena un jour chez une cousine, peut-être avec une idée en tête en le voyant seul. Il eut bien raison ! Ce jour-là, il se passa quelque chose dans le regard des deux jeunes gens, si bien que quelque temps plus tard, ils entamèrent une relation. Et six mois plus tard, ils se fiancèrent. Il faut dire que dans les années 1960, les principes étant encore bien résistants et il n'était pas habituel qu'un couple vive ensemble avant le mariage. D'autant plus que le père de la jeune fille se montrait plutôt sévère sur ces principes. C'est ainsi que peu de temps après leurs fiançailles, ils se marièrent. En 1964, il décrocha donc pour la première fois un emploi, il se maria et passa son concours d'entrée à l'école de formation d'infirmier·ère·s. Une bien belle année !

Revenons sur la préparation au concours d'entrée qu'il appréhendait tant. Il dut travailler d'arrache-pied pour arriver à un niveau convenable. Entre les séances de travail organisées par le prêtre et tout ce que celui-ci lui donnait à faire à la maison, le programme était bien chargé. Sachant que le temps lui était compté : le concours d'entrée était prévu fin juin et il n'avait été prévenu de sa tenue qu'à la fin du mois de mars. Plus la date du concours approchait, plus il angoissait. Mais le prêtre était toujours là pour le rassurer.

Après s'en être mis plein la tête, voilà qu'il fut informé de la date du concours. Quelle pression ! Il alla vite en informer le prêtre, qui

s'empressa de relativiser la situation. Il consulta son agenda en lui disant :
— Si tu veux, je t'emmènerai.
Cela fit retomber un peu la pression. Et n'ayant pas encore d'automobile, il apprécia d'autant plus sa proposition.

Le jour J arriva et ce fut en petite 4CV Renault que le prêtre le déposa sur place et l'attendit. Il savait vraiment se rendre disponible, cet homme ! En rentrant dans la cour de cette école, il fut impressionné par toutes ces femmes et tous ces hommes qui attendaient et paraissaient plus à l'aise que lui. Il sortit intellectuellement épuisé de cette épreuve qu'il avait tant appréhendée, avec la peur de ne pas avoir répondu correctement à l'examen dans son ensemble. Mais en échangeant avec le prêtre sur la route du retour, il reprit quelque peu confiance.

Deux petites semaines plus tard, il apprit, sans trop y croire, qu'il était reçu ! Une bonne chose de faite ! Son copain fut reçu également. Ils furent informés peu de temps après qu'ils étaient admis à l'école de formation d'infirmier·ère·s dès le début du mois de septembre. Encore un nouvel enjeu pour lui ! Décidément, le nombre d'épreuves et d'événements qu'il dut traverser cette année-là était impressionnant !

Dès qu'il eut connaissance du résultat du concours, il décida avec sa fiancée de la date de leur mariage, programmé entre l'entrée à l'école de formation et la fin de l'année. Tout fut calculé pour que cet événement ne vienne pas trop perturber sa formation.

C'est au cours de ses vacances qu'il fit l'acquisition d'une automobile. Et devinez quoi ? Il choisit une petite 4CV Renault, comme celle du prêtre. Simple coïncidence ou effet d'influence lié à un événement marquant ? Toujours est-il que c'était quand même plus confortable que le vélomoteur !

L'école de formation des infirmier·ère·s

À son tour, il put emmener son collègue au travail avec sa petite 4CV. À chaque fois que cela était possible, ils firent du covoiturage. Tous les deux, ils échangèrent sur leur future rentrée à l'école de formation. À cette époque-là, la formation se déroulait en parallèle de leur travail dans les unités de soins. Elle commença par des travaux pratiques, dont une partie était enseignée par des cadres attachés au service dans lequel les élèves travaillaient et l'autre partie par l'école.

La rentrée eut lieu début septembre. La durée de la formation était de deux années. Les premiers mois, cela lui parut facile mais, bien vite, les choses se compliquèrent. Il se rendit compte que les élèves qui avaient suivi une scolarité plus longue que lui se trouvaient avantagés par rapport à certains programmes, tels que l'anatomie. Il fallut donc travailler plus que certains. Il échangeait avec des élèves pas toujours très adroits qui lui renvoyaient des réponses quelque peu blessantes, du genre :
— Comment se fait-il que tu ne connaisses pas cela, toi ! Tu as dû pourtant apprendre cela en telle année !

Heureusement qu'à côté il y avait aussi ceux qui, avec bienveillance, étaient tout à fait prêts à l'aider. Il les repéra assez vite sans bien sûr profiter d'eux outre mesure. Il comprit rapidement qu'il devait consacrer pas mal de temps de travail à ses cours à la maison s'il voulait réussir. Il entendait déjà dire que la seconde année serait plus difficile que la première. Avec tout cela, pas évident de se projeter dans son futur mariage, fixé en novembre ! Et pourtant il dut s'occuper de trouver un logement, à la campagne de préférence, sans être trop éloigné de la ville et de l'hôpital. Malgré tous les préparatifs du mariage, il ne devait surtout pas prendre de retard dans le suivi de sa formation. Il ne pouvait pas se le permettre. Le contenu des cours lui demandait pas mal de travail à la maison. Or, il était vite déconcentré, non seulement par le bruit mais aussi par la peur de prendre du retard et de ne pas réussir. La première année prit fin en juin 1965. Ouf ! Il pouvait respirer un peu.

Il profita des vacances pour mettre à jour ses connaissances avant la rentrée de septembre. Le début du programme de cette seconde année lui parut intéressant. Il s'agissait d'apprendre la liste des pathologies mentales et d'étudier pour chacune d'elles les symptômes et les comportements associés. Mais avec le temps, cela devint plus compliqué à comprendre car, bien souvent, certains symptômes venaient s'imbriquer dans des maladies différentes et, pour une même pathologie, les symptômes pouvaient varier d'un individu à l'autre. Dans certains cas, il n'y avait que le diagnostic du médecin-psychiatre qui pouvait nommer la vraie pathologie.

Les six derniers mois de formation furent stressants pour lui, avec quelques sérieux moments de découragement. Il se disait : « Je m'obstine mais je n'y arriverai jamais ! »

Au cours des trois derniers mois, avec de bons collègues de promotion, ils décidèrent de se rassembler à deux, trois, voire quatre, pour essayer d'améliorer les points faibles de chacun. Comme la belle saison arrivait, devinez où ? Chez lui, à la campagne ! Ces moments partagés lui redonnèrent un peu le moral et confiance en lui.

La date de l'examen de fin de formation approchait et fut fixée au 20 juin 1966. L'appréhension montait. Heureusement qu'entre quelques bons collègues ils se soutenaient. Le jour J arrivé, il n'était plus question de reculer. Pour l'écrit, il ne s'en sortit pas si mal. Il appréhendait beaucoup l'oral mais, là aussi, il eut l'impression de satisfaire le jury.

Fin juin, les résultats tombèrent et il figurait bel et bien sur la liste des candidats reçus. Incroyable pour lui mais vrai ! Son copain de travail fut aussi reçu au repêchage en septembre avec son amie, qu'il avait connue en début de formation. Il n'en revint toujours pas d'être reçu et il lui fallut quelques jours pour le réaliser vraiment. Après l'annonce du résultat, les trois ou quatre bons collègues qui s'étaient réunis pour réviser ensemble finirent la journée chez lui avec l'intention de faire la fête. Mais en définitif, ils furent bien sages car chacun avait besoin de se recentrer et de savourer sa réussite.

Plus tard, les diplômes furent remis dans chaque service de l'établissement au bureau du médecin chef de service. Ces derniers étaient invités à remettre en main propre le diplôme à chacun et chacune de ses infirmiers et infirmières nouvellement reçus. Lorsqu'il fut appelé au bureau du médecin, ce dernier lui demanda de bien vouloir patienter en salle d'attente. Puis il fut invité à entrer dans son bureau et il entendit le médecin lui dire :
— En fait, je me suis penché sur votre dossier et, en voyant votre parcours antérieur, je ne peux que vous féliciter doublement pour être parvenu à ce résultat. Voilà votre diplôme bien mérité !

Il ressortit du bureau encouragé et satisfait de cette reconnaissance. Il fallait bien admettre que ce but ne fut pas facile à atteindre. Le retard pris durant les années précédentes fut quand même difficile à rattraper pour en arriver là.

Une bonne chose de faite ! Maintenant, il pouvait penser aux autres objectifs qu'il souhaitait atteindre : s'investir au mieux dans sa fonction d'infirmier psychiatrique, réussir dans sa vie de couple, construire sa vie de famille avec le souhait très fort d'avoir des enfants, faire l'acquisition dès qu'il le pourrait d'un bien immobilier, ... Comme il l'avait beaucoup entendu dire à la campagne : « Il y avait encore beaucoup de pain sur la planche ! ».

Au poste d'infirmier psychiatrique

Une fois diplômé, son travail devint plus gratifiant. Bien sûr, le personnel infirmier devait continuer de participer à toutes les tâches habituelles (le lever, les repas, le coucher, ...) mais il participait aussi à la préparation des médicaments, à leur distribution, à leur commande. Les infirmier·ère·s étaient présent·e·s pendant les entretiens médecin-patient, parfois aux côtés de la famille de ce dernier. Ils assistaient enfin aux réunions pluridisciplinaires, qui rassemblaient médecins, internes, externes, surveillants, infirmiers, aides-soignants, psychologues et assistantes sociales.

Les infirmier·ère·s de l'équipe du matin devaient déposer un condensé sur l'observance de leurs patients au bureau du cadre-infirmier, que l'on appelait surveillant à l'époque pour être appelé aujourd'hui cadre de santé. Et ce dernier était chargé de rédiger un rapport de l'ensemble. Rapport bien utile pour informer l'équipe soignante de l'après-midi qui en prenait connaissance dès son arrivée. De même pour l'équipe de l'après-midi pour renseigner l'équipe soignante de nuit et pour l'équipe présente la nuit pour informer l'équipe prenant sa fonction le matin. Il y avait également les consignes verbales transmises entre le responsable de l'équipe partante et le responsable de l'équipe arrivante pendant le tour de ronde de l'unité de soins, que l'on appelait alors pavillon. Dans les années 1960, les pavillons de patients chroniques renfermaient un nombre important d'individus. Là où il a débuté sa carrière, il a connu un pavillon pouvant regrouper jusqu'à deux cents patients.

La psychiatrie a énormément évolué entre les années 1960 et les années 1980. Beaucoup trop lentement hélas. Si elle a changé, c'est grâce à plusieurs facteurs : l'arrivée de nouveaux médicaments sur le marché, mais aussi grâce à certains médecins psychiatres et personnels avant-gardistes qui ont osé avant les autres, plus réticents et timides, mettre en place de nouveaux protocoles considérant d'une façon différente les patients. Avec les années, il apprit qu'il fallait régulièrement réétudier le dossier des patients chroniques afin de voir ce qui pourrait être envisagé à moyen ou à long terme. Ce qui n'était pas possible hier peut en effet peut-être le devenir aujourd'hui ou demain.

Il a connu des cas de patients chroniques enfermés dans les murs de l'hôpital pendant des années puis, un jour, placés dans des familles d'accueil avec des résultats très satisfaisants. Bien sûr en y allant au début par petites touches, très lentement mais progressivement. Bien d'autres modes de prise en charge, et pour des pathologies bien différentes, ont été mis en place. La prise en charge pouvant passer par l'hospitalisation de jour, un centre d'accueil en ville, un appartement thérapeutique, ou un retour au domicile avec un suivi-infirmier régulier.

Lorsqu'il commença à exercer la profession d'infirmier psychiatrique, les jeunes diplômés percevaient bien qu'ils devaient rester à leur place, en ne modifiant pas les habitudes des anciens diplômés. Au fur et à mesure des départs à la retraite de ces derniers, les jeunes diplômés réussirent avec le temps à trouver un peu mieux leur place, à condition encore que les surveillants des équipes veuillent bien se montrer suffisamment ouverts pour que certaines vieilles habitudes et manières de faire évoluent.

Les événements de mai 68 apportèrent un peu plus de liberté d'expression dans les établissements et les entreprises. À l'hôpital, le congé d'un seul jour par semaine se transforma en deux jours par semaine. Plus tard, il n'y eut plus qu'un surveillant par unité de soins au lieu de deux. Des transformations architecturales permirent avec le temps de créer de nouvelles unités de soins afin de réduire le nombre de patients dans chaque unité.

La vie familiale

Son épouse et lui trouvèrent une location confortable dans le bourg et s'y installèrent avant l'arrivée des enfants.

En 1967, leur premier enfant naquit. Il prit alors conscience de la nouvelle responsabilité qui lui incombait dans sa vie. La seconde naissance eut lieu au cours de l'année 1968. Il mit toute son énergie pour réussir au mieux sa vie de famille, les malheurs de son enfance lui revenant régulièrement en pleine face. Il se devait de ne pas reproduire ce qu'on lui avait fait vivre de douloureux. Il s'accorda très naturellement avec sa femme sur la façon d'élever et d'éduquer leurs enfants. Pour commencer, ils eurent en commun le souci de leur apporter une bonne alimentation, saine et équilibrée, biologique de préférence. À cette époque, certains médias parlaient déjà des méfaits de certains traitements phytosanitaires dans l'agriculture.

Première maison du couple

Au début de l'année 1970, des collègues de covoiturage (mot peu utilisé à l'époque) lui parlèrent d'une maison à vendre tout près du bourg, dans un petit lotissement. Malgré le prix alléchant de cette demeure, il n'y avait encore que très peu d'argent mis de côté sur leur livret d'épargne et la banque exigeait un certain apport pour pouvoir bénéficier d'un prêt. Une collègue bienveillante lui proposa alors une partie de l'apport demandé. Banco ! La maison fut achetée. À cet âge-là, les projets allaient bon train !

À la recherche de son père biologique

Il avait depuis un bon moment en tête l'idée quasi-obsessionnelle de rencontrer son père biologique. Il s'était renseigné discrètement sur son adresse et, à plusieurs reprises, il tenta de le rencontrer mais en vain. Il entreprit alors de reprendre contact avec des proches de son père biologique en prétextant qu'il souhaitait leur présenter ses enfants. Il fut accueilli bien chaleureusement avec femme et enfants. Avec le temps, il réussit à obtenir un bon nombre d'informations qui l'amenèrent à comprendre qu'il n'avait aucune affection à attendre de cette personne. Avant de le savoir, il l'avait beaucoup idéalisé. Il fut bien sûr déçu mais, en même temps, cela l'aida à prendre du recul et à ne plus être dans une recherche permanente qui était devenue épuisante. Un jour, alors qu'il était chez ces personnes, son père biologique était présent. Celui-ci se montra d'une telle indifférence qu'il comprit très vite que les informations recueillies correspondaient bien à une réalité et qu'il n'avait définitivement rien à attendre de ce personnage, tout compte fait peu intéressant à ses yeux.

Cette constatation l'aida probablement par la suite à reconsidérer sa mère et son père adoptif. Certes, il avait vécu une enfance et une adolescence difficiles, mais il ne pouvait pas continuer indéfiniment à en vouloir à ses parents, eux qui avaient survécu à une jeunesse bien plus difficile que la sienne et à une vie particulièrement laborieuse. Il se dit qu'ils avaient sans doute agi comme ils le pouvaient, avec les moyens financiers, physiques et psychologiques dont ils disposaient alors. Il voulait désormais tisser des liens plus apaisés avec eux et réussir à les aimer, tout simplement. Étant parvenu à cette conclusion, il se sentit peu à peu mieux dans sa tête.

Retrouvailles avec sa mère nourricière

L'idée de reprendre contact avec sa mère nourricière lui trottait dans la tête depuis des années. Bien sûr, il était resté blessé longtemps par le fait que ses parents nourriciers l'avaient laissé définitivement chez sa mère biologique et il avait vécu cela comme un abandon de leur part. Mais avec les années, il avait bien compris que cette pauvre famille n'y était pour rien. Maintenant qu'il avait réussi à franchir bien des étapes et à former sa propre famille, il avait hâte depuis un moment de revoir cette femme à laquelle il avait été si attaché. Il était fier de lui présenter sa femme et ses enfants, qui avaient alors autour de trois et quatre ans. Et il avait hâte de présenter à sa famille la personne qu'il avait longtemps considérée comme étant sa mère et de leur montrer le lieu où il avait vécu jusqu'à l'âge de six ans.

Le moment fut trouvé pour lui rendre visite, sans pouvoir l'avertir car elle n'avait pas de téléphone. D'ailleurs, elle aura vécu tout au long de sa vie sans aucun confort et sans en éprouver aucunement le besoin. Le jour venu, il appréhendait en se demandant comment il allait la retrouver. Arrivé devant chez elle, l'émotion était très forte. Après quelques coups frappés à la porte, elle finit par ouvrir sans le reconnaître au premier regard. Mais dès qu'il s'annonça avec son prénom, et qu'il l'appela spontanément maman, il vit son regard se modifier et elle se mit à sourire. Dès qu'il rentra, ils tombèrent dans les bras l'un de l'autre en pleurant de joie. Ce fut de très fortes et joyeuses retrouvailles. Ensuite, il s'empressa de lui présenter sa petite famille. Elle se montra tellement étonnée qu'elle n'arrêtait plus de pleurer de joie. Il se culpabilisa beaucoup de ne pas être venu la

voir plus tôt. Ils restèrent une bonne partie de la journée avec elle. Ils partagèrent un tas de souvenirs. Il ne manqua pas de se réimprégner des lieux, de l'intérieur et de l'extérieur de la maison. Dès que les enfants se retrouvèrent seuls avec leur père, ils s'empressèrent de l'interroger :
— Pourquoi tu l'appelles « maman », c'est Mémé M... ta maman !

En la quittant, ils décidèrent de se revoir régulièrement. Dès le dimanche qui suivit, il vint la chercher pour l'amener chez lui partager un repas en famille. Par la suite, toutes les occasions étaient bonnes pour repasser lui rendre visite.

Avec le temps, il constata que son état devenait moins bon. Elle restait toutefois autonome. Après deux ou trois semaines sans l'avoir revue, il retourna avec sa femme et ses enfants lui rendre visite. Ce jour-là, ils frappèrent plusieurs fois à sa porte sans obtenir de réponse. Ils insistèrent un bon moment et elle finit par se faire entendre. Mais il fallut encore attendre un bon moment avant qu'elle ne puisse enfin leur ouvrir. Elle se montra hébétée, désorientée, confuse. Lorsqu'ils entrèrent, ils comprirent qu'il s'était passé quelque chose. Au bout d'un moment et face aux questions, elle reprit petit à petit ses esprits en racontant tant bien que mal qu'elle était tombée au pied du feu de cheminée et qu'elle s'était endormie ainsi. Il est vrai qu'elle portait des traces de cendres sur ses vêtements et sur son visage mais aussi quelques légères brûlures à un bras et une jambe. Lorsqu'il lui proposa de la conduire vers un hôpital, elle se montra très opposée à cette idée et lui demanda plutôt d'appeler un neveu qui devait être aussi son filleul. Celui-ci intervint et la fit hospitaliser.

Lors de son hospitalisation, au début de l'année 1973, un bilan complet fut effectué qui se révéla peu satisfaisant. Elle fut ensuite dirigée vers une maison de convalescence. Il passait lui rendre visite régulièrement et, en s'apercevant qu'elle aurait bien aimé revoir sa maison, il l'y emmena un dimanche, accompagné de sa femme et de ses enfants. De retour chez elle, elle manifesta un peu de joie mais de courte durée. Elle sembla prendre conscience qu'elle ne reviendrait peut-être pas. Elle ne manifesta aucune difficulté pour son retour vers la maison de convalescence.

À l'été 1973, il avait programmé des vacances pour partir avec sa petite famille, accompagné d'un collègue de travail et de sa famille, dans le sud de la France. Bien sûr, avant le départ, il ne manqua pas de rendre visite à sa maman nourricière. Avant de la quitter, il laissa l'adresse de ses parents au personnel. Ils partirent donc en direction de la Côte d'Azur avec la caravane derrière l'auto ! Une première ! Ils arrivèrent au camping, la route s'étant faite sans problème particulier. Ce qui n'était pas gagné d'avance car, quelques semaines avant le départ, il avait acheté à un collègue de travail un véhicule, certes pas tout jeune mais suffisamment puissant pour tracter la caravane. Malheureusement, au bout d'une semaine de vacances à se déplacer dans la région, ils tombèrent en panne ! Une pièce défectueuse devait être changée mais n'était pas disponible dans l'immédiat. Le véhicule fut donc immobilisé au garage.

Juste à ce moment-là, il reçut un télégramme de ses parents l'informant du décès de sa chère maman nourricière. Il était coincé à l'autre bout de la France sans moyen de locomotion pour rentrer. De plus, le télégramme ne lui parvint que le jour même de l'enterrement. Il fallut se résigner à ne pas pouvoir assister aux obsèques. Il passa tout le reste des vacances frustré et triste de n'avoir pu être présent à l'enterrement de sa maman nourricière qui comptait tant pour lui ! Dès qu'il fut rentré, il se rendit au cimetière se recueillir et fleurir la tombe.

Vers un poste de surveillant

La psychiatrie avait beaucoup évolué depuis son arrivée à l'hôpital mais trop lentement à son goût. D'autant plus qu'il se trouvait depuis dix ans dans un service peu ouvert aux nouvelles méthodes qui se pratiquaient déjà dans d'autres services de l'établissement.

En 1974, il décida donc de faire une demande pour aller travailler dans un autre service plus ouvert. Sa demande fut acceptée et le changement eut lieu assez rapidement. Il n'eut pas à regretter son choix car ce changement lui apporta une nouvelle motivation. Il avait plaisir à participer à des activités ayant pour but d'améliorer l'autonomie de certains patients, ce qui pouvait permettre aux soignants d'avoir un nouveau regard sur leur métier en envisageant une nouvelle prise en charge des patients. Un de ses collègues, psychologue, consacrait beaucoup de temps à mettre en place des stages de formation continue pour les soignants ainsi que d'autres activités à destination des soignants et des patients. Bien entendu toujours avec l'accord du médecin-chef du service. Alors dès qu'il pressentait qu'un thème de stage de formation pourrait lui apporter un plus, il ne manquait pas de s'y inscrire, estimant qu'il était toujours intéressant et enrichissant de connaître ce qu'il pouvait se pratiquer dans d'autres établissements, voire dans d'autres régions.

Vers 1976, l'harmonie dans son couple s'étant quelque peu dégradée avec le temps, il prit un peu ses distances avec son épouse. Il avait bien pensé à la rupture, sans toutefois l'envisager sérieusement car l'idée même d'imaginer ne plus vivre au quotidien près de ses enfants lui était insupportable. Il aurait eu le sentiment de les abandonner. Pour répondre à ce mal-être, il prenait dès qu'il le pouvait les petites routes de campagne environnantes à vélo avec l'espoir de repérer une demeure à la campagne, car l'idée d'habiter un lieu retiré de la ville lui trottait depuis longtemps dans la tête.

En 1977, après être passé par plusieurs unités de soins, dirigées chacune par un surveillant, on lui proposa la fonction de surveillant. Dans un premier temps, il fut bien embarrassé car il ne se sentait pas prêt à exercer cette fonction d'encadrement vis-à-vis de ses collègues infirmier·ère·s. Il finit par accepter en se disant que puisqu'il n'avait pas toujours bien accepté l'attitude de certains surveillants à son égard, l'occasion lui était donnée de procéder différemment en laissant plus de responsabilité aux équipes infirmières. Il estimait souvent que le surveillant prenait trop de place, risquant ainsi de démotiver certain·e·s infirmier·ère·s.

Dès qu'il fut officiellement nommé à la tête d'une équipe dans une unité de soins, il prit l'initiative de bousculer quelques habitudes. Il proposa à son équipe d'infirmier·ère·s de prendre le poste de bureau à tour de rôle, lui étant inclus dans le tour bien évidemment. Ainsi, le surveillant se retrouvait à tour de rôle sur tous les autres postes infirmiers, comme au poste pharmacie par exemple, où se préparait la distribution des médicaments. Ce principe s'appliqua un moment mais il perçut quelques tiraillements et agacements chez certains soignants qui ne manquèrent pas à son insu d'aller se plaindre en haut lieu. Puis, un jour, il fut appelé au bureau du médecin-chef du service lui demandant de s'expliquer sur sa méthode. Lorsque le médecin comprit qu'il ne fuyait aucunement ses responsabilités, contrairement à ce que certains avaient pu lui reprocher, on le laissa continuer dans ce sens.

Le temps passant, il percevait régulièrement que cette méthode ne convenait pas à tous les soignants, et certains ne se privèrent pas de le critiquer à ce propos. Manifestement, certaines personnes avaient besoin d'un chef bien autoritaire, ce qui devait les rassurer. Il fut déçu de cette situation et il envisagea de demander à reprendre sa fonction d'infirmier. Mais lorsqu'il confia son intention aux deux médecins attachés à son unité de soins, ces derniers lui conseillèrent vivement de conserver sa fonction de surveillant, ce qui le remit en confiance. Assez vite, il s'expliqua avec son équipe et, en prenant en compte ce qu'il entendit, il décida de reprendre en permanence son poste de bureau.

En cours de cette année 1977, il eut la charge de rechercher une maison en location à la campagne pour ses parents. Son père adoptif, ne supportant plus les voisins, avait décidé de mettre leur maison en vente. Sa mère, hospitalisée à ce moment-là, n'avait pas participé à cette décision. Ce déménagement la perturba et il fut contrarié de la voir ainsi. Il en voulut un peu à son père de ne pas l'avoir suffisamment préparée. Il multiplia alors ses visites pendant cette période d'adaptation.

Sa maison à la campagne

Il rêvait d'habiter un vieux bâtiment de pierres à la campagne, comme une petite ferme d'autrefois où les gens vivaient quasiment en autarcie. Un jour, son vœu fut exaucé : il repéra un endroit qui pourrait lui convenir. Dès l'instant où il entra dans la cour, il eut le sentiment qu'il allait vivre là. Un bâtiment de ferme tout en longueur, sans voisinage proche, comprenant habitation et dépendances, avec dans la cour un puits et un four à pain. Ce lieu était desservi par un petit chemin tortueux. D'emblée, cela lui rappela le lieu d'habitation de ses parents nourriciers. Cela ne pouvait pas mieux tomber pour lui, il eut vraiment le coup de cœur. Mais bien entendu, en prenant conscience de toutes les étapes qu'il y aurait à franchir, rien n'était gagné.

1. Il dut s'assurer que sa femme était d'accord sur le principe. 2. Il prit un maximum de renseignements chez le notaire qui avait en charge la vente. 3. Muni de tous ces renseignements, il proposa un prix d'achat à la baisse qui fut accepté par le vendeur. 4. Il devait prendre en compte le fait que ce lieu était habité par un couple de locataires, dont une personne du couple était née là, ayant un bail qui se terminait trois ans plus tard. 5. Il

devait faire venir un maître d'œuvre dans le but d'envisager de gros travaux de restauration car une partie de ce bâtiment était en bien mauvais état. 6. En fonction des travaux envisagés, il devait consulter la mairie afin d'obtenir son approbation. Après avoir franchi toutes ces étapes, l'achat définitif eut lieu.

Il n'y eut pas d'autres visiteurs intéressés à cause de la présence de locataires sur les lieux, ce qui l'arrangea bien et lui laissa le temps nécessaire pour accomplir toutes les démarches préalables à l'achat. La ferme nécessitait de gros travaux de maçonnerie car l'endroit où habitaient les locataires, dans un bout du bâtiment, lui paraissait moins intéressant à restaurer que toute l'autre partie où s'étaient tenus dans le passé l'étable, l'écurie, le poulailler ainsi que les greniers. Mais toute cette aile-là commençait sérieusement à ressembler à une ruine. Les trois greniers prenaient copieusement l'eau de pluie. La couverture étant très endommagée et devait être entièrement refaite. Et c'est là que le projet, tout en s'annonçant onéreux, devenait d'autant plus prenant, voire excitant : arriver un jour à la transformation souhaitée !

Sa maison à la campagne. Arbres de l'entrée

Leur maison de lotissement fut mise en vente dès que les locataires de la campagne les informèrent qu'ils avaient trouvé une autre location et qu'ils étaient prêts à partir. Très bonne nouvelle ! Dès qu'elle fut vendue, sa femme et lui fixèrent une date de déménagement. Ils s'installèrent en 1979 dans leur nouvelle demeure en occupant les locaux sans confort habités auparavant par les locataires. Avec tous ces projets immobiliers, son couple se reconstitua quelque peu, mettant de côté leurs différends.

Ce fut un grand retour en arrière par rapport à la maison confortable qu'ils venaient de quitter. Il fallut s'adapter à ce changement radical. Pour lui, ce fut relativement facile, ayant connu bien pire dans son passé. Pour sa femme et ses enfants, qui avaient alors onze et douze ans, ce fut un peu plus compliqué. Le logement était constitué d'une grande pièce divisée par une cloison de bois : d'un côté une pièce de vie avec une cheminée et de l'autre une chambre. À l'arrière, se trouvait un local appelé cellier. Le tout avec un confort très rudimentaire. L'eau chaude était fournie par un vieux chauffe-eau mural à gaz. Il n'y avait pas de salle d'eau, la toilette se faisant à l'évier du coin cuisine. Pas de WC non plus : il fallait sortir pour se rendre au cellier où un simple pot de chambre remplaçait les toilettes. Une grande bassine était présente pour la douche. À la belle saison, c'était tout à fait acceptable, mais à la saison hivernale, ça se compliquait un peu ! La famille fut condamnée à vivre dans ces conditions pendant toute la durée des gros travaux, c'est-à-dire un peu plus de deux ans. Avec l'emprunt qu'il avait fallu faire pour cette importante restauration, il était hors de question d'avoir à payer une location en plus.

En cours de cette année, il fallut qu'il recherche un logement dans un bourg pour ses parents car sa mère ne s'habituait vraiment pas au lieu où elle était, surtout pendant l'hiver. Par le bouche-à-oreille, un logement leur fut trouvé en location en plein centre de la commune. Malgré ses deux étages, ils acceptèrent. Ils apprécièrent d'avoir tous les commerces à proximité. En parallèle, il déposa une demande à la mairie de la commune en 1981 pour que ses parents obtiennent un logement dans un petit lotissement réservé aux personnes âgées. Les deux étages seraient bientôt un problème et il fallait prévoir un logement plus adapté à leur âge. Ils l'obtinrent au cours de l'automne 1982. Avec l'aide de ses proches, il s'occupa alors de ce nouveau déménagement.

Pendant la restauration de leur maison, des imprévus vinrent se rajouter, engendrant des frais supplémentaires réguliers. Il fut alors contraint de prendre à sa charge certains travaux de maçonnerie, comme la démolition de certains murs de pierre, les travaux de drainage, le nettoyage du chantier au cours des travaux, l'achat de fournitures et la préparation des linteaux avec entourages en bois de récupération de toutes les ouvertures de portes et fenêtres. Il dut également prendre en charge le nettoyage et le tri d'un énorme tas de pierres de démolition que les maçons devaient réutiliser pour la reconstruction. Il fut heureusement très entouré par son épouse, ses proches ainsi que ses amis et ses collègues de travail, qui lui apportèrent leur aide précieuse dans ces moments d'intenses corvées. Il fut également aidé dès le départ pour entourer les 5000 m² de terrain d'une clôture.

Il dut également reprendre à sa charge certains travaux du couvreur, comme la démolition des vieilles couvertures. Il s'occupa aussi de bien d'autres travaux dont il n'avait pas prévu de se charger au départ, comme la réfection des joints de pierre sur toute la longueur de la façade et des deux pignons qu'il dut étaler sur cinq années après les deux années de gros travaux. C'est à lui enfin que revinrent tous les travaux de ponçage, de teinte, de peinture sur l'ensemble de la restauration. Compte tenu du montant global demandé par les artisans, le devis du peintre fut en effet supprimé.

À la fin de l'année 1982, dès que le gros des travaux de leur maison fut achevé, la famille s'installa dans la partie restaurée du bâtiment. Ils quittèrent tous les quatre sans regret la partie non restaurée. Ce nouveau logement leur sembla bien confortable, voire luxueux, en comparaison des lieux sans confort où ils avaient vécu pendant deux ans. Il restait encore bien des tâches à accomplir mais la période la plus difficile à vivre prenait fin.

Étant attiré par les véhicules des années 1950-1960, il se dénicha une automobile de 1955. Et devinez de quel modèle il s'agissait ? D'une traction Citroën ! Un modèle semblable à celui dans lequel il était monté pour la première fois à l'âge de six ans lorsqu'il fut transporté jusqu'au domicile de sa mère. On peut dire là que ce choix d'automobile ne tenait pas du hasard. D'autres véhicules anciens suivirent avec les années pour atteindre jusqu'à six voitures de collection de marques différentes. Il conserve encore aujourd'hui son esprit de collectionneur mais, faute de place depuis son déménagement en 2016, il lui a fallu se faire une raison.

Surveillant en extra-hospitalier

En 1983, une opportunité de changement de poste se présenta à lui lorsqu'un collègue surveillant s'apprêta à prendre sa retraite. Il avait déjà émis le souhait de sa mutation auprès de son supérieur. Le moment venu, un appel à candidature fut lancé et c'est là qu'il se présenta. En définitif, c'est à lui que revint le poste. Il fut reçu par le médecin chef de service et son supérieur qui lui demandèrent de revoir entièrement l'organisation de son nouveau poste. Il consistait à prendre en charge toute une liste de patients nécessitant un suivi à domicile sur la demande de leur médecin-référent.

Il s'accorda quelque temps pour préparer et présenter son projet d'organisation. Auparavant, le suivi au domicile du patient était peu demandé par les médecins, mais dans les années 1980-1990, les médecins se sont mis à y avoir recours bien plus souvent. En mettant en place ce suivi, cela évitait ou retardait considérablement les ré-hospitalisations. En parallèle, il se mit en place d'autres modes de suivi : en hôpital de jour, en centre d'accueil en ville à la demi-journée, en appartement thérapeutique, en placement en famille d'accueil. Toutes ces pratiques permirent à l'établissement hospitalier de fermer des lits. Cette évolution obligeait à réorganiser tout le travail se pratiquant en dehors des murs de l'établissement.

Son projet, qui fut retenu, exigeait d'étoffer l'équipe de soignants. Chaque soignant avait à prendre en charge un certain nombre de patients sur un secteur géographique bien défini. En tant que cadre, il dut s'organiser pour prévoir un temps de présence sur tous les modes de suivi : un temps de présence à l'hôpital de jour, au centre d'accueil à la demi-journée en ville, à l'aménagement en ville des appartements thérapeutiques, à l'organisation des placements de patients en famille d'accueil. Et cela tout en assurant lui-même certains suivis de ces patients ainsi que les réunions hebdomadaires du service. S'ajoutait à cela son travail de bureau qui consistait à : tenir à jour le planning du personnel de son équipe, constituée de quinze soignants, et régler les petits problèmes se présentant dans l'équipe, réajuster l'organisation du travail, s'assurer que les dossiers des patients soient régulièrement mis à jour afin que les médecins-référents des patients suivis en extérieur puissent être correctement informés, échanger régulièrement avec les médecins et l'équipe soignante, ... Le nombre de patients nécessitant un suivi à domicile tournait toujours autour de cent.

La durée dans cette mission était de cinq ans et, à l'échéance, un appel à candidature était relancé. À trois reprises, aucun collègue ne posa sa candidature. Il put donc exercer ce poste de surveillant en extra-hospitalier pendant quinze ans et plus, à sa grande satisfaction car il s'investit entièrement dans cette activité. Au bout de toutes ces années, il parvint à l'âge de pouvoir partir à la retraite.

Le temps du divorce

La suite des travaux de restauration de leur maison continuait bien d'avancer. On voyait même se profiler la fin. De ce fait, sa femme et lui se retrouvaient nettement moins plongés dans les travaux, si bien que le malaise de leur relation réapparut de plus belle, ayant plus l'occasion de se retrouver face à face et de déclencher l'échange. L'idée de se séparer un jour était régulièrement mise sur le tapis mais le moment ne semblait pas arrivé. Sans doute par rapport aux enfants qui n'avaient pas encore atteint l'âge de l'indépendance.

Ils se séparèrent finalement en fin d'année 1988 - début 1989, alors que leurs enfants avaient atteint l'âge de vingt et vingtet-un ans. Il fut convenu par la suite que c'était lui qui resterait habiter la maison. Il dut bien naturellement racheter sa part financière, ce qui rendit pendant plusieurs années la gestion de son budget bien serrée. Mais, pour lui, rester dans cette demeure revêtait tellement d'importance que l'effort en valait la peine. Ils s'étaient mis d'accord sur l'ensemble des décisions à prendre avant de passer devant leur avocat commun. La période fut bien sûr peu agréable pour chacun, mais le tout se déroula sans heurts et avec un respect réciproque. Le jugement de divorce fut rendu en 1990. Il vécut ensuite seul pendant plus de huit années.

La prise en charge de ses parents

Passant rendre régulièrement visite à ses parents, il se rendit compte en cours de l'année 1989 que sa mère commençait à être un peu désorientée. Mais sous la surveillance de son père, cela continuait tant bien que mal à se maintenir. Jusqu'au jour où son père l'appela en catastrophe pour lui dire que lui et les voisins proches étaient à la recherche de sa mère qui s'était enfuie de la maison. Il appela tout de suite la gendarmerie qui se mit à sa recherche.

Les gendarmes la retrouvèrent en direction de son ancien domicile. Elle leur répondit :
— Mais je vais chez moi bien sûr !

À partir de cet incident, son père voulut quitter les lieux avec le souhait d'aller habiter chez la plus jeune de leurs filles. Malgré ses réticences, il fit les démarches pour que son souhait aboutisse. En début de 1990, ils déménagèrent donc.

Au début de 1991, il reçut un appel de son père l'informant qu'il venait de constater que le contenu de leur livret d'épargne diminuait considérablement. Leur fille et son mari se servaient dedans pour régler leurs factures. Son père lui demanda d'intervenir au plus vite pour mettre fin à ce stratagème en émettant cette fois-ci le souhait d'aller habiter chez leur autre fille. Il organisa donc leur départ, avec l'accord bien entendu des nouveaux hébergeurs.

En septembre 1991, il reçut un nouvel appel de son père lui réclamant de venir habiter chez lui. Il essaya de lui faire entendre que cela n'était guère envisageable du fait qu'il vivait seul, en pleine campagne et qu'il était absent en journée pour son emploi. Or, ses parents n'avaient aucun moyen de locomotion. Son père insista tellement qu'il finit cependant par accepter, tout en vérifiant d'emblée s'ils accepteraient d'être placés en foyer-logement ultérieurement. Son père s'y était visiblement préparé et lui donna son accord. Dès qu'il les accueillit, il commença donc à faire des demandes en maisons de retraite ou en foyer-logement dans plusieurs communes environnantes.

Plusieurs démarches devaient être faites en même temps car l'état de sa mère continuait de se dégrader. Il dut préparer une demande de mise sous protection pour ses deux parents. À la suite de cela, ils furent vus par un médecin expert qui demanda une mise sous tutelle pour sa mère et une mise sous curatelle pour son père. En fin de compte, c'est lui, le fils aîné, qui fut nommé tuteur et curateur de ses parents, malgré ses réticences.

Ils habitèrent donc plusieurs mois chez lui, à l'extrémité du bâtiment, dans l'aile peu confortable où lui et sa famille avaient vécu de 1979 à 1982. Il n'y avait en effet pas de chambre au rez-de-chaussée dans la partie restaurée, et cela n'était pas possible de faire monter ses parents à l'étage, ne serait-ce que pour leur sécurité.

Il se rendit très vite compte qu'il devait prendre en charge la toilette de sa mère, leur vestiaire, sans compter bien sûr les courses alimentaires. Il devait aussi se rendre à la pharmacie après chaque passage du médecin, bien souvent en rentrant du travail. En prenant en charge leur hygiène corporelle, il s'aperçut que tous leurs vêtements et sous-vêtements étaient à renouveler. Il s'empressa donc de les conduire dans un petit magasin de vêtements en ville pour renouveler tout leur vestiaire. Et tout cela bien évidemment sans parler de la prise en charge de ses animaux, chats, chiens, chèvres, moutons, diverses volailles, de l'entretien de son habitat et du grand terrain alentour.

Cette période fut assez lourde à gérer et lorsqu'il reçut l'appel d'un foyer-logement l'invitant à lui présenter ses parents, un espoir naquit. Quelques semaines plus tard, un courrier lui parvint pour dire qu'ils étaient admis. De plus, par chance, le lieu leur plaisait bien.

Une fois le déménagement de ses parents achevé, courant 1992, il éprouva un sentiment de soulagement ! Il dut ensuite bien préparer son père à lui fournir toutes les preuves d'achat et autres dépenses dont ils auraient besoin et de convenir de la somme d'argent nécessaire, à la semaine dans un premier temps et à la quinzaine ensuite, car à chaque début d'année, il devait fournir un bilan complet des recettes et des dépenses de l'année précédente au service du juge des curatelles et tutelles. Il convint également d'un rythme de visites afin qu'ils ne soient pas en attente permanente de sa venue. Tout cela mis en place, il put enfin mieux organiser sa propre vie et ainsi être un peu plus serein dans sa profession, qu'il aimait et dans laquelle il s'investissait toujours autant.

Quand les beaux événements succèdent aux malheurs

En 1997, ce fut la naissance de sa première petite-fille. Un bien bel événement ! Dans le même temps, sa vie devint moins solitaire puisqu'il se mit en couple avec une personne qu'il avait repérée dans l'établissement quelques années auparavant et qu'il avait eu l'occasion de rencontrer à plusieurs reprises. Elle était accompagnée de ses deux enfants, à peine âgés de dix ans. Sa vie s'annonça tout à coup sous un bel angle. Mais la vie alterne malheureusement bien souvent entre bonnes et mauvaises nouvelles. Sa mère mourut cette année-là. Atteinte de la maladie d'Alzheimer depuis des années, son état s'était beaucoup dégradé. Pour ses proches, ce fut en quelque sorte presque un soulagement qu'elle s'éteigne. Ce fut encore lui qui s'occupa des principales démarches, tout en faisant participer quelque peu la fratrie.

En 1998, il décida de prendre sa retraite. Il en profita puisqu'il en avait la possibilité. Il avait commencé à travailler à l'âge de quatorze ans ! Il totalisait donc plus de quarante années de travail.

Ce fut encore cette année-là un mélange d'heureux et de tristes événements puisque son père décéda. Il fut inhumé le jour même où il avait rendez-vous chez le cardiologue, étant régulièrement suivi pour des problèmes cardiaques. Après la mort de sa mère, il avait pourtant prévu de le prendre plus souvent à la maison pour lui faire profiter d'une vie meilleure. Son père s'était beaucoup donné en tant qu'aidant près de sa femme et il aurait bien mérité cela. En définitif, ses parents décédèrent tous les deux à l'âge de quatre-vingt-un ans. De nouveau, ce fut lui qui eut la charge des dernières démarches. Il prit rendez-vous chez le notaire pour préparer les papiers afin de convoquer plus tard le reste de la fratrie.

En résumé, pour lui qui avait été mal accepté à l'âge de six ans et qui fut mis à l'écart pendant des années durant en comparaison du reste de la fratrie, l'histoire finissait plutôt d'une façon satisfaisante. Ses parents commencèrent déjà à lui faire confiance dans les années 1970 en le prenant à témoin ou en lui demandant son aide dès qu'ils en avaient besoin, et de plus en plus en avançant en âge.

En 2001, sa deuxième petite-fille vit le jour. Puis vint le tour de sa troisième petite-fille en 2007, et de sa quatrième petite-fille en 2011. Encore de beaux événements ! En 2006, sur le conseil avisé de leur notaire et étant en position de famille recomposée, sa compagne et lui se marièrent. Leur amour était grandement suffisant sans l'acte de mariage, mais parfois les lois nous rattrapent. Il partageait pourtant bien l'avis d'un certain Georges Brassens : « Ne mêlons pas nos noms au banal parchemin. » N'étant pas vraiment convaincus tous les deux, leur union se déroula dans la plus grande discrétion, accompagnés d'un couple d'amis proches en tant que témoins.

En 2012, il fit un AVC, heureusement sans en garder de séquelles. La même année, un de ses enfants rentra en conflit avec lui, en l'excluant, lui et sa femme, de sa famille. Ce fut un choc, suivi d'une grande souffrance. Il ne comprenait pas vraiment la raison pour laquelle il se retrouvait exclu à ce point et sans faits graves. Conséquence la plus marquante de cette situation, il fut privé de ses deux petites-filles.

Leur nouvelle maison

L'entretien de sa propriété et de son grand terrain commençait à devenir pesant et physiquement fatigant. En 2015, sa femme et lui prirent donc la décision de mettre en vente l'ensemble. Ils envisagèrent la construction d'une maison en ossature bois à partir d'un plan qu'ils créèrent eux-mêmes en se faisant ensuite conseiller par le constructeur. Ils firent l'acquisition d'un terrain situé à près de soixante kilomètres du lieu où ils venaient de vendre. L'année fut riche en émotions car, en plus de la construction de leur nouvelle maison, ils apprirent la naissance du premier petit-fils de son épouse.

En 2016, naquit le deuxième petit-fils de sa femme. Leur projet immobilier progressait. Ils commencèrent à aménager leur terrain avec quelques plantations. Leur déménagement s'étala sur plusieurs mois compte tenu du nombre et de la surface des dépendances (hangar, grenier, garages) de la ferme qu'ils quittaient. Il dut également remettre en état une grande partie de son matériel de motoculture afin de le vendre. Il dut également mettre en vente les quelques véhicules automobiles de collection qu'il possédait. Tout cela prit pas mal de temps.

Aperçu du jardin de sa nouvelle maison

Leur déménagement vers la maison neuve débuta en janvier 2017. L'objectif était de pouvoir habiter dans cette nouvelle demeure en fin de mois, tout en continuant de déménager en partie l'ancienne demeure. En milieu de mois, son épouse cessa son activité professionnelle pour se mettre en disponibilité en attendant l'âge de la retraite. Fin janvier, ils aménagèrent définitivement dans leur nouvelle maison. Au mois de juillet de cette même année naquit le troisième petit-fils de sa femme.

Ils durent s'adapter à leur nouvel environnement, à leur commune et aux communes environnantes. Ils s'inscrivirent tous les deux à quelques activités sportives et récréatives, une bonne occasion de rentrer en contact avec les habitants du coin, voire de se faire des amis. À vrai dire, ils s'habituèrent plutôt facilement à leur nouvelle vie. Ils appréciaient de ne plus avoir à prendre l'automobile pour la moindre course. Il se rendaient à pied à la boulangerie, à la pharmacie, à la banque, au magasin de bricolage, au marché hebdomadaire, éventuellement aussi à la gare en un petit quart d'heure. La présence de la gare dans la commune a beaucoup guidé leur choix avant de décider de s'y installer, le train pouvant les transporter jusqu'à la grande ville la plus proche en vingt à trente minutes.

De nouvelles naissances vinrent étoffer la famille : en avril 2021, le quatrième petit-fils de son épouse naquit et, dix-sept jours plus tard, ce fut au tour de son cinquième petit-fils de venir au monde.

Son point de vue sur l'amitié

Il estime que la belle et grande amitié est plutôt rare dans une vie. Bien sûr, chacun la perçoit différemment. Pour lui, la véritable amitié existe lorsqu'un vrai dialogue se crée entre individus. Ils peuvent alors se confier aisément sur bon nombre de sujets et ressentent l'envie fréquente de se rencontrer à nouveau, d'échanger, d'organiser quelques sorties en commun.

Il peut aussi exister de belles amitiés sans pour autant se voir souvent, à cause de la distance. En octobre 2021, il eut ainsi le plaisir de retrouver l'ancien collègue de travail et copain qui lui avait fourni, de longues années auparavant, les coordonnées du bureau du personnel de l'hôpital psychiatrique. Ils ne s'étaient pas revus depuis quarante ans car ce dernier avait quitté la région en 1981 pour aller travailler dans un hôpital psychiatrique à l'autre bout de la France. Heureuses retrouvailles ! Pendant des heures, ils échangèrent plein de souvenirs. Et depuis ce moment-là, ces deux-là se téléphonent régulièrement. De telles retrouvailles s'avèrent bien agréables à vivre.

En 2018, son épouse et lui eurent le plaisir de faire la rencontre d'un couple de personnes bienveillantes. Depuis, ils éprouvent le besoin fréquent de se retrouver. Ils savent que chacun·e peut compter sur l'autre.

Plusieurs années auparavant, son épouse et lui étaient liés d'amitié avec un autre couple. Leur entente était belle et ils organisaient ensemble d'agréables sorties en camping-car. Bien malheureusement, ce couple est décédé en 2020-2021. Sa femme et lui ont éprouvé un vrai chagrin à leur décès et ce couple d'amis continue de leur manquer régulièrement.

Bilan d'une grande partie de sa vie

Nous voilà à la fin de l'année 2022 et il approche à grands pas de ses quatre-vingts ans. Il a l'impression que les années qu'il lui reste défilent de plus en plus vite et qu'il doit profiter au mieux du temps restant. Mais hélas, les aléas de la vie décident pour chacun de nous. Il faudrait déjà pouvoir prendre la vie du bon côté en se laissant vivre, comme il est souvent dit, en ne s'embarrassant pas de petits tracas, de choses plus ou moins futiles. Il faudrait qu'à chaque fois que se présente à nous un événement on puisse se dire : « Est-ce que j'y peux quelque chose ? Est-ce que je peux apporter une solution à cette situation ? »

Si oui bien sûr, nous devons faire ce qui est en notre pouvoir. Sinon, essayer d'en faire abstraction. La plupart du temps, ce n'est pas si facile de maîtriser cela en nous car intervient notre nature, notre constitution, notre sensibilité. Bien souvent, le mauvais stress, l'inutile stress, vient nous gâcher la vie.

Lorsqu'il repense à son enfance et revoit son parcours défiler jusqu'à ce jour, il arrive à se dire, sur le plan professionnel : tout compte fait, je ne m'en suis quand même pas trop mal sorti. Bien sûr que cela aurait pu se passer mieux, mais aussi se passer plus mal ! Quant au bilan familial, il aurait rêvé d'une famille plus solidaire, plus tolérante, plus soudée, ce qui aurait été bienvenu en récompense des carences qu'il a subies au cours de son enfance et de son adolescence. Toutefois, il faut savoir se satisfaire malgré tout de ce qu'on a en se disant qu'il y a bien pire parfois.

L'événement le plus marquant pour lui au cours de ces dix dernières années fut le fait d'être en conflit avec l'un de ses enfants. Il n'aurait jamais pensé connaître une telle situation. Cette attitude est incompréhensible pour lui : ton enfant que tu vois naître, que tu chéris, que tu aimes au plus profond de toi, que tu vois grandir, se transformer au fur et à mesure des âges, lequel un jour ne te supporte plus, te fait un tas de reproches (sans aucune gravité d'ailleurs), exclut définitivement de la famille ton épouse et t'empêche de voir librement ses deux filles. Quelle souffrance psychologique pour lui en tant que père et grand-père, ainsi que pour son épouse, qui avait cru pouvoir se considérer comme grand-mère. À l'inverse, les petits-enfants de sa femme le considèrent très naturellement comme leur grand-père. Après avoir reçu plusieurs courriers destructeurs le concernant et concernant surtout son épouse, il lui fut impossible de se retrouver face à cet enfant. Il prit en pleine figure, pour ne pas dire en plein cœur, toutes ses critiques blessantes, humiliantes, le fait qu'il aille jusqu'à renier sa femme de la famille.

Cette situation est insupportable pour lui car, par l'exclusion totale de son épouse, il se retrouve lui-même exclu à jamais, lui qui s'était imaginé vivre dans une relation de confiance parents-enfants indestructible, indéfectible. Cela ne peut être que décevant, voire destructeur. Voilà ce qui l'obsède le plus aujourd'hui : pourra-t-il enfin un jour revoir ses deux dernières petites-filles avant de quitter cette terre ? Quand ? À quelle occasion ? Malgré tout, il a essayé de maintenir le lien à tout prix en leur écrivant régulièrement à chaque anniversaire et à chaque Noël. Mais l'idéal serait de les revoir... Peut-être à leur majorité au plus tard ? Lorsqu'elles pourront voler de leurs propres ailes, ainsi qu'il est souvent dit.

La vie en citations

Depuis plusieurs années, il rassemble dans un cahier toute une liste de citations qu'il capte à la radio, qu'il pioche dans ses lectures ou qu'il crée lui-même. En voici quelques-unes :
- *On dit souvent qu'il faut tuer l'image du père. Je pense plutôt qu'il faut essayer de vivre avec.*
- *On ne devient jamais adulte sans avoir compris ses parents.*
- *Il est bien plus difficile de se juger soi-même que de juger les autres.* Antoine de Saint-Exupéry
- *Le pire n'est jamais sûr et le meilleur est souvent improbable.* Paul Claudel
- *Ne sois pas trop déçu·e si tu perds mais ne sois pas trop fier·ère si tu gagnes.*
- *La trop grande certitude des individus me dérange.*
- *Ce qui ne te tue pas te rend plus fort.* Nietzsche

- *Ce ne sont pas ceux qui savent le mieux parler qui ont les choses les plus intéressantes à dire.* Proverbe chinois
- *Vous êtes ce que vous faites, pas forcément ce que vous dites.*
- *C'est une triste chose de songer que la nature parle et que le genre humain ne l'écoute pas.* Victor Hugo
- *L'homme appartient à la terre mais la terre n'appartient pas à l'homme.* Sitting Bull
- *Moins les gens ont d'idées à exprimer et plus ils parlent fort.* François Mauriac
- *La nature a doté l'humain d'une langue et de deux oreilles afin qu'il écoute deux fois plus qu'il ne parle.* Épictète
- *La sagesse n'arrive pas systématiquement au bout d'un trajet de vie, il faut savoir la découvrir.*
- *Pourquoi prendre trop au sérieux notre existence puisque de toute façon nous n'en sortirons pas vivants.* Alphonse Allais
- *Contentons-nous de vieillir car c'est le seul moyen de ne pas mourir.*
- *Se laisser envahir par la peur de la mort supprime l'envie de profiter de la vie.*
- *Il faut s'aimer, s'entraider, accepter la différence. Il faut rêver, être gai, faire preuve de patience. Et puis sourire à la malchance.*
- *Les gens qui traversent une vie entière sans encombre sont souvent inintéressants.*
- *Tout chagrin s'estompe si tu le racontes.*

- L'enfance est un lieu auquel on ne retourne pas mais qu'en réalité on ne quitte jamais. Rosa Montero
- L'enfance est une bulle qui permet à l'adulte de s'élever. Toute forme de violence la perce et contrarie l'envol de tout individu. Stéphane Theri
- Un monde sans paroles ne serait plus humain, mais un monde sans animaux le serait-il encore ? Boris Cyrulnik
- Un enfant n'a jamais les parents dont il rêve. Seuls les enfants sans parents ont des parents de rêve. Boris Cyrulnik
- La résilience : un tricot qui noue une laine développementale avec une laine affective et sociale. Boris Cyrulnik
- Nos états d'âme, c'est ce qui reste en nous après que le train de la vie est passé. Christophe André

En conclusion

Il déteste l'intolérance, l'injustice. Il défend toujours les plus faibles, les plus vulnérables. Bon nombre d'événements d'actualité l'inquiètent : la guerre en Ukraine avec ses conséquences, tous ces pays dirigés par des dictatures, les démocraties malmenées dans plusieurs pays d'Europe avec une poussée des extrêmes. L'état de la planète aussi et les pays qui ne parviennent à s'accorder ni sur la réduction des émissions de gaz à effet de serre ni sur l'aide à apporter aux pays les plus pauvres. La pauvreté dans le monde qui augmente. Tous ces réfugiés fuyant les guerres, les dictatures, la pauvreté et la faim et qui finissent par trouver la mort en traversant les océans sur des bateaux de fortune. La montée des eaux qui menace et obligera des populations entières à quitter leur pays et à demander des secours.

Sa sensibilité écologique se trouve sérieusement heurtée par tout ce qu'il se passe : le déclin de la biodiversité dans le monde, avec plus d'un million d'espèces animales et végétales qui sont menacées d'extinction. Il n'y aura pas d'amélioration climatique satisfaisante sans la protection de la biodiversité. La pollution finit par détruire les fonds marins. L'homme détruit tout sur son passage. Actuellement, il défigure certaines montagnes pour extraire des éléments comme le nickel ou le lithium nécessaires à la fabrication de batteries, notamment pour l'industrie automobile. La pollution importante due à l'industrie textile. Les épidémies dues à la pollution atmosphérique. Dans certaines grandes villes, l'air peut devenir irrespirable. La liste est malheureusement trop longue pour pouvoir tout énumérer ! Rien qu'avec la guerre en

Ukraine et ses conséquences, l'année 2023 qui s'ouvre s'annonce très incertaine. Sans être particulièrement pessimiste, il lui est donc difficile de conclure en se montrant optimiste sur un avenir proche.

Aperçu du jardin de sa nouvelle maison

Table des matières

Remerciements	7
Sa chère famille nourricière	9
Son retour chez ses parents	20
La rentrée à l'école	25
Les vacances scolaires sans ses parents	30
Le départ de la famille à la campagne	33
Ses parents enfin propriétaires	37
Retour sur le passé	40
1956 : le certificat d'études	42
Première embauche à la ferme	44
À la recherche d'un nouveau métier	47
L'appel sous les drapeaux	50
Le début d'une nouvelle vie	56
1964 : une année marquante !	58
L'école de formation des infirmier·ère·s	64
Au poste d'infirmier psychiatrique	69
La vie familiale	72
À la recherche de son père biologique	74

Retrouvailles avec sa mère nourricière	75
Vers un poste de surveillant	80
Sa maison à la campagne	84
Surveillant en extra-hospitalier	91
Le temps du divorce	93
La prise en charge de ses parents	94
Quand les beaux événements succèdent aux malheurs	98
Leur nouvelle maison	101
Son point de vue sur l'amitié	104
Bilan d'une grande partie de sa vie	105
La vie en citations	108
En conclusion	110